Ich will das aber haben!

Konfliktbewältigung mit Kita-Kindern

Leni Schütz

33 x emotionale und soziale Entwicklung in der Kita fördern

Verlag an der Ruhr

Impressum

Titel
„Ich will das aber haben!" – Konfliktbewältigung mit Kita-Kindern
33 x emotionale und soziale Entwicklung in der Kita fördern

Autorin
Leni Schütz

Umschlagfoto
© iHumnoi – Shutterstock.com

Illustrationen
wenn nicht anders angegeben, Anna-Lena Kühler

Lektorat
Juliane Baumann, Berlin

Satz und Layout
ebene N, Mülheim an der Ruhr

Druck
Athesia Druck GmbH, Bozen, IT

Verlag an der Ruhr
Mülheim an der Ruhr
www.verlagruhr.de

Geeignet für Kinder von 4–6 Jahren

ISBN 978-3-8346-6508-9

Inhaltsverzeichnis

Vorwort ... 5

Wichtig zu wissen ... 7

Die Idee einer „Sozialen Anleitung“ ... 7

Gelingende soziale Interaktion in der Kita ... 10

Die Wirkung von Sprache ... 17

Soziale Anleitungen vs. andere Methoden des Sozialen Lernens ... 18

Von der Theorie zur Praxis ... 20

Soziale Anleitungen in der Kita einsetzen ... 20

Erste Überlegungen ... 21

Eine soziale Anleitung anwenden ... 23

Selbst eine Soziale Anleitung schreiben ... 25

Soziale Anleitungen für den Kita-Alltag ... 30

Konflikte zwischen Kita-Kindern ... 31

1 Bei einem Spiel verlieren können ... 31

2 Bei einem Streit „Stopp!“ sagen, anstatt zu schlagen ... 32

3 Bei einem Streit rechtzeitig Hilfe holen ... 33

4 Über die anderen Kinder bestimmen wollen ... 34

5 Ein anderes Kind ausschließen wollen ... 35

6 Ein anderes Kind auslachen ... 36

7 Etwas anderes wollen als ein befreundetes Kind (eigene Meinung sagen) ... 37

8 Jetzt nicht mit einem anderen Kind spielen wollen (eigene Grenzen setzen) ... 38

9 Ein befreundetes Kind möchte heute nicht spielen (Grenzen anderer Kinder akzeptieren) ... 39

10 Zwischen Nachgeben und Bestimmen abwechseln ... 40

11 Mit einem Kind Kontakt aufnehmen, ohne es zu schubsen oder zu schlagen ... 41

12 Ein Spielzeug abgeben können ... 42

13 Auf ein Spielzeug warten können ... 43

Konflikte mit der Kita ... 44

14 Lernen, mit Planänderungen zurechtzukommen ... 44

15 Sich im Morgenkreis falsch herum auf den Stuhl setzen und dadurch stören ... 45

16 Im Morgenkreis beim Namenvorlesen stören ... 46

17 Im Morgenkreis immer zuerst drankommen wollen ... 47

18 Im Kreis sitzen und genügend Abstand halten ... 48

19 Sich in einer Reihe aufstellen und vorn stehen wollen ... 49

20 Sich-in-einer-Reihe-Aufstellen als Mittel zum Zweck verstehen ... 50

21 Nur Dinge in der Lieblingsfarbe akzeptieren ... 51

22 Aushalten, wenn ein anderes Kind ausgeschimpft wird ... 52

23 Lügen aus Angst vor Schimpfen ... 53

Konflikte über den Kita-Alltag hinaus ... 54

24 Akzeptieren, dass man eine Pause braucht ... 54

25 Beim Begrüßen „Hallo!“ sagen ... 55

26 Lernen, sich zu verabschieden ... 56

27 Sich anschauen, wenn man jemanden trifft ... 57

28 Das Durcheinanderlaufen vieler Kinder aushalten können ... 58

29 Ungestümes Spiel aushalten können ... 59

30 In der Kita auf die Toilette gehen ... 60

31 Nicht allein auf die Toilette gehen ... 61

32 Sich (im Winter) allein an- und ausziehen ... 62

33 In der Kita andere Regeln akzeptieren als zu Hause ... 63

Quellen und Info über die Autorin ... 64

Bildkarten ... 65

SYMBOLE

Bitte merken!

Tipp!

Vorwort

Ein guter, konstruktiver Umgang mit Konflikten kann Kindern wertvolle Entwicklungsschritte ermöglichen, denn Konflikte gehören zum Leben dazu. Kinder können soziale und emotionale Kompetenzen erlernen, die für ihr gesamtes Leben wichtig sind. Dieser gewinnbringende Umgang mit konflikthaften Situationen erfordert Aufmerksamkeit, Geduld, Zeit und gute Nerven. In der Regel ist das sowohl für das Kind als auch für Sie als pädagogische Fachkraft anstrengend. Gelingt ein konstruktiver Umgang mit Konflikten nicht, erleben Kinder diese Situationen in vielen Fällen als frustrierend oder emotional unbefriedigend.

Die Auseinandersetzung mit den eigenen Gefühlen, Bedürfnissen und Motiven ist die Voraussetzung dafür, emotionale Kompetenzen zu entwickeln und zu üben. Kennt ein Kind seine Bedürfnisse, kann es mit seinem eigenen Verhalten dazu beitragen, diese Bedürfnisse zu befriedigen und erlebt Selbstwirksamkeit.

Im sozialen Miteinander ist es jedoch wichtig, nicht nur eigene Bedürfnisse und Gefühle wahrzunehmen. Die Bedürfnisse der anderen Kinder und die eigenen Bedürfnisse sind vermutlich nicht immer gleich, vielleicht widersprechen sie sich sogar. Ein Abwägen zwischen eigenen Interessen und den Interessen der anderen Kinder, zwischen der Befriedigung eigener und fremder Bedürfnisse wird notwendig. Oft gibt es kein Richtig oder Falsch; gute Entscheidungen zu treffen, ist nicht einfach und bedarf neben Übung und guten Vorbildern auch oftmals Erklärungen oder eben „Anleitungen“.

Die Kita ist ein hervorragender Lernort für soziale und emotionale Kompetenzen, denn hier geschieht soziale Interaktion in vielfältiger Weise. Es gibt Regeln und Ausnahmen, Kinder können sich durchsetzen und nachgeben, Kompromisse schließen, sich einigen oder auf etwas beharren.

Sehr häufig geraten Kinder auch aufgrund von Missverständnissen in konflikthafte Situationen. Hier ist Aufklärung und Anleitung sehr hilfreich. Manchmal erfordert es ein genaues Hinsehen, um ein solches Missverständnis überhaupt zu erkennen.

Ich hoffe, dass die „Sozialen Anleitungen“ in diesem Buch Kinder dazu befähigen, ihre sozialen und emotionalen Kompetenzen zu entwickeln, zu erweitern und zu üben. Und schließlich hoffe ich, dass die Sozialen Anleitungen dazu beitragen, (unnötige) Konflikte im Kita-Alltag zu reduzieren.

Über dieses Buch

Im ersten Teil des Buches erläutere ich zunächst im Kapitel „Wichtig zu wissen“ **die theoretischen Grundlagen und Hintergründe**. Sie bekommen einen Einblick in die Überlegungen, die der Arbeit mit den sogenannten **Sozialen Anleitungen** zugrunde liegen. Auch auf die Bedeutung von Selbstregulation sowie sozialem Lernen werde ich hier eingehen.

Darauf folgt im Kapitel „Von der Theorie zur Praxis“ die praktische Hinführung und Erläuterung, wie Sie die **Sozialen Anleitungen in der Kita einsetzen** können und welche Vorteile sie Ihnen generell bieten. Am Ende finden Sie ein **„Rezept“ zum Erstellen** Ihrer eigenen Sozialen Anleitung. Wenn Sie eine konflikthafte Situation erleben und im Praxisteil dieses Buches keine passende Soziale Anleitung finden, können Sie sich selbst eine erstellen. Wie das geht, erfahren Sie hier **Schritt für Schritt**.

Im zweiten Teil wird es dann praktisch. Sie finden hier **33 fertige Soziale Anleitungen für unterschiedliche Situationen**, die Ihnen im Alltag in der Kita vielleicht begegnen. Diese sind in folgende **drei Bereiche** aufgeteilt:

- **Konflikte**, die **zwischen Kita-Kindern** auftreten,
- **Konflikte**, die **mit der „Institution“ Kita** entstehen, und
- **Konflikte**, die häufig auch **über den Kita-Alltag hinaus** aufkommen.

Die Sozialen Anleitungen können Sie direkt übernehmen und in der Kita anwenden. Auf den letzten Seiten des Buches finden Sie **zwölf Bildkarten**, die herausgetrennt werden können. Die Sozialen Anleitungen im Praxisteil sind nummeriert. Diese Nummern finden Sie auch auf den Bildkarten wieder. Wenn Sie nun eine Soziale Anleitung vorlesen, können Sie anhand der Nummer die passende Bildkarte dazu wählen. Die Bildkarte können Sie den Kindern dann während des Vorlesens zeigen. (Genaueres siehe „Eine Soziale Anleitung anwenden“, S. 23–25)

Zur besseren Lesbarkeit ist in den Sozialen Anleitungen häufig von der „Erzieherin“ die Rede. Diesen Begriff müssen Sie entsprechend ersetzen, falls ein männlicher Kollege oder eine nicht binäre Person gemeint ist oder wenn Sie in Ihrem Alltag andere Begriffe verwenden.

Ich wünsche Ihnen nun viel Freude bei der Lektüre und Inspiration für den Einsatz der Sozialen Anleitungen in der Kita!

Wichtig zu wissen

Die Idee einer „Sozialen Anleitung“

Carol Gray, eine US-amerikanische Lehrerin, unterrichtete (ab 1976) an einer Schule für autistische Kinder. Ihr fiel auf, dass ihre Schüler*innen[1] häufig nicht „automatisch“ verstanden, welche **„ungeschriebenen Regeln“**, Normen und Werte in einer Situation galten, sodass es im alltäglichen Miteinander immer wieder zu Konflikten kam. Ab 1990 entwickelte sie „Social Stories“, um ihren Schüler*innen in diesen Situationen zu helfen. Social Stories sind kleine **Geschichten über Alltagssituationen**, zum Beispiel die „ungeschriebene Regel“, dass man in der Öffentlichkeit nicht in der Nase bohrt.[2] Diese **ungeschriebenen und unausgesprochenen Regeln zu kennen**, ist eine **wichtige Voraussetzung** für ein gelingendes Zusammenleben in jeder Gemeinschaft.

Die **Einfachheit und Klarheit** der Methode haben mich fasziniert. Ich habe gemerkt, dass viele Kita-Kinder ebenfalls von einer klaren, einfachen Anleitung für Situationen profitieren, in denen es immer wieder zu Konflikten kommt.
Die Social Stories in ihrer Ursprungsform treffen jedoch überwiegend nicht die Themen, die für Kita-Kinder zu Konflikten führen. Kita-Kinder benötigen oftmals Anleitungen für komplexere Situationen, die sich in ihrer Lebenswirklichkeit ergeben. Deshalb habe ich die **Methode weiterentwickelt**.

Konflikte zu bewältigen, gehört meist nicht zu den angenehmen Situationen im Kita-Alltag. Häufig ist die Rede davon, wie wichtig es ist, einen **konstruktiven Umgang mit Konflikten** schon im Kita-Alter zu lernen und zu üben.

Meiner Meinung nach übersehen wir dabei aber leicht, dass Kita-Kinder viel weniger Lebenserfahrung und damit auch **viel weniger Kompetenzen im Umgang mit Konflikten** haben. Überhaupt haben Kinder viel weniger Erfahrung damit, wie man miteinander umgeht, wie man Freundschaften schließt oder was man tut, wenn man unterschiedlicher Meinung ist. Diese Tatsache sollten wir unbedingt beachten, wenn wir über den Umgang mit Konflikten oder generell über soziales Lernen nachdenken.

[1] Der Verlag an der Ruhr legt großen Wert auf eine geschlechtergerechte und inklusive Sprache. Daher nutzen wir neutrale Formulierungen oder das Gendersternchen, um alle Menschen, unabhängig von Geschlecht oder Geschlechtsidentität, einzuschließen. An einzelnen Stellen in diesem Buch (s. Hinweis S. 6) verzichten wir dennoch auf das Gendern. Dies ist eine Einzelfallentscheidung aus didaktischen Gründen und ist in keinem Fall ausschließend oder diskriminierend zu verstehen.

[2] Vgl. Gray, C. (2014): Das neue Social Story Buch. Autismusverlag.

Wie unser soziales Miteinander gelingen kann, ist nicht etwas, das wir von Geburt an wissen und beherrschen, sondern diese Fähigkeiten und Kompetenzen müssen Kinder nach und nach entwickeln und lernen.

Ich habe beobachtet, dass viele Kinder sehr davon profitieren, wenn man ihnen eine Situation, die zu einem Konflikt führte, **zu einem späteren Zeitpunkt** in einer **emotional neutralen Situation** und **ohne Bewertung** erklärt. Dass sie davon profitieren, wenn man ihnen **Schritt für Schritt** erklärt, was da passiert ist, welche Bedürfnisse oder Gefühle die beteiligten Personen und sie selbst hatten.

Eine „Soziale Anleitung" kann **im Nachhinein erklären**, warum es zum Konflikt kam. Soziale Anleitungen können dabei helfen, zu verstehen, wie bestimmte Situationen in unserem Miteinander funktionieren können, ohne dass es zum Konflikt kommt. Oder wie man sich in bestimmten Situationen verhalten kann, damit man Freundschaft und ein gelingendes soziales Miteinander erlebt.

Kinder können mithilfe der Sozialen Anleitung ihre **eigenen Gefühle und Bedürfnisse** zulassen und annehmen, aber gleichzeitig auch erkennen, was der*die andere fühlt oder möchte.

Dadurch, dass die Sozialen Anleitungen emotional neutral bleiben, kommt es weder zu einem Vorwurf noch dazu, dass ein Kind sich schämen muss, sich schlecht oder „falsch" fühlt.

Die **emotionale Distanz** ermöglicht es dem Kind, sich nicht angegriffen zu fühlen.

Was eine Soziale Anleitung auszeichnet

Eine Soziale Anleitung beschreibt immer so genau wie möglich eine **konkrete Situation**, die entweder vom Kind selbst als konflikthaft erlebt wird oder die für das Umfeld des Kindes zu einem Konflikt wird. Die Soziale Anleitung dient dazu, Situationen, die im weitesten Sinne konflikthaft sind, **im Nachhinein** zu thematisieren. Im Kern werden in einer Sozialen Anleitung die folgenden **fünf Bereiche** thematisiert:

1. Was war schwierig?

- eigene Gefühle und Bedürfnisse
- Verhalten einer anderen Person
- falsche Interpretation einer Situation (Missverständnis)

Das Kind wird für seine Gefühle oder Bedürfnisse nicht kritisiert oder bewertet, es ist lediglich eine Feststellung.

2. Bezug zu anderen Kindern

Das Kind soll wissen, dass viele Kinder in ähnlichen Situationen ähnlich empfinden und dass seine Bedürfnisse nachvollziehbar sind. *Wichtig:* Das Kind soll sich nicht „falsch“ oder mit seinen Emotionen allein fühlen. Das Kind bekommt die Gelegenheit, sich in einem sicheren Rahmen mit seinen Gefühlen zu beschäftigen, und kann so sein Wissen um emotionale Zusammenhänge erweitern. Dieser Schritt ermöglicht es dem Kind, seine emotionalen Kompetenzen zu vertiefen. Liegt dem Konflikt ein Missverständnis zugrunde, wird dieses benannt und ausgeräumt.

3. Verstehen, warum es zu dem Konflikt kam

Das Kind soll nicht manipuliert oder gezwungen werden, sein Verhalten zu ändern oder sich in einer bestimmten Art und Weise zu verhalten, weil Erwachsene das möchten. *Wichtig:* Das Bedürfnis selbst wird nicht kritisiert, sondern ernst genommen. Die Art und Weise, wie das Kind versucht hat, sein Bedürfnis zu befriedigen, war vermutlich nicht die beste und darum kam es zu dem Konflikt.

4. Alternative Verhaltensweisen anbieten

Das Kind hatte sich eigentlich einen bestimmten Erfolg oder eine bestimmte Reaktion des Gegenübers erhofft. Es soll nun möglichst konkrete Alternativen zu seinen bisherigen Verhaltensweisen bekommen, die eher zu diesem Erfolg führen. Wenn das nicht möglich ist, erklärt die Soziale Anleitung, welche Alternativen es sonst noch geben könnte, um eine Eskalation zu vermeiden. *Wichtig:* Es geht immer darum, ein passenderes Verhalten anzubieten, damit das Kind eher erfolgreich ist oder dass es leichter nachvollziehen kann, wie Menschen in bestimmten Situationen reagieren und fühlen.

5. Persönlicher Gewinn durch anderes Verhalten

Es ist hilfreich, wenn das Kind selbst einen persönlichen Gewinn in einer alternativen Reaktion sieht. Dies kann der Erhalt einer Freundschaft sein, mehr Zeit im Freispiel, eine schöne Aktivität oder vieles mehr. *Wichtig:* Wenn es keinen offensichtlichen persönlichen Gewinn für das Kind gibt, kann man versuchen, doch noch einen Bezug zu einem persönlichen Vorteil zu finden.

- **Eine Soziale Anleitung ist immer möglichst eindeutig.**
- **Sie bezieht sich fast immer auf eine bestimmte Situation.**
- **Das Kind wird niemals direkt angesprochen („du“).**
- **Eine respektvolle Distanz zwischen dem Kind und Ihnen als Bezugsperson bleibt bestehen.**
- **Die Beziehungsebene bleibt möglichst unberührt.**

So kann sich das Kind sicher sein, dass ihm **emotional nicht zu nahe getreten** wird. Es kommt nicht in Bedrängnis oder hat das Gefühl, sich rechtfertigen zu müssen. Gerade Kinder, die sehr empfindlich sind und Kritik nur sehr schwer vertragen, profitieren von einer Sozialen Anleitung, die ihnen **emotionale Sicherheit** gibt.

Ein Konflikt entsteht.

Ich weiß, dass meine Gefühle und Bedürfnisse in Ordnung sind.

Ich verstehe, wie ich mein Bedürfnis befriedigen kann, ohne dass es zum Konflikt kommt.

Ich verstehe, warum ich mein Bedürfnis gerade nicht befriedigen kann.

Ich weiß, was mir dabei hilft.

Ich weiß, wie ich das besser aushalten kann.

Ich weiß, wie ich selbst dazu beitragen kann, gelingende soziale Interaktionen zu erleben.

Abb. 1: Soziale Anleitung auf einen Blick

Gelingende soziale Interaktion in der Kita

Soziale Interaktionen finden im Freispiel ebenso statt wie bei einem pädagogischen Angebot oder gemeinsamen Aktivitäten. Dadurch, dass der Kita-Alltag normalerweise nicht so streng strukturiert ist wie später der Schulalltag, entsteht ganz nebenbei eine **Fülle an Situationen**, in denen Kinder sich begegnen und miteinander oder mit Ihnen als pädagogischer Fachkraft interagieren.

Es entstehen ständig neue sozial-emotionale Herausforderungen. Dadurch ist auch das Potenzial für Konflikte besonders groß.

Manche Kinder lernen im Lauf der Zeit intuitiv und scheinbar „von allein“, welche Erwartungen in der Kita an ein Kind gestellt werden, sei dies von anderen Kindern oder von Ihnen als pädagogische Fachkraft. Sie verstehen wie von selbst, was wichtig ist, wenn man mit einem anderen Kind spielen möchte, oder wie man es schafft, im Morgenkreis zu warten, auch wenn man unbedingt drankommen möchte. Sehr viele andere Kinder benötigen **Unterstützung und Anleitung**, um zu verstehen, wie das gelingen kann. Besonders wichtig ist es in sehr vielen Situationen, Missverständnisse aufzuklären oder am besten zu vermeiden.

Kinder profitieren häufig von einer Anleitung, um zu verstehen, wie Freundschaften gut gelebt werden können, wie man nachgeben und wie man sich behaupten kann.

Viele Kinder sind überfordert davon, wie **komplex und vielschichtig** unser soziales Miteinander ist. Oft gibt es kein eindeutiges Richtig oder Falsch, man muss verschiedene Interessen gegeneinander abwägen. Manche Kinder kennen von zu Hause andere Werte oder Regeln, als sie in der Kita gelten, und schaffen es nur schwer, sich hier anzupassen.

Fällt es Kindern schwer, sich in die Kita-Gruppe zu integrieren, erleben sie vermutlich in ihrem Kita-Alltag weniger häufig **gelingende soziale Begegnungen**, sei es mit anderen Kindern oder mit Ihnen als Fachkraft. Das führt dazu, dass sie unweigerlich **weniger Möglichkeiten haben**, ihre sozialen Kompetenzen weiterzuentwickeln und zu üben. Dies kann manchmal schon fast in einen Teufelskreis übergehen und das **Misslingen von sozialen Begegnungen** verstärken.

Kinder, die gut integriert sind, die also die **offensichtlichen und die subtileren Regeln** kennen, die in der Kita Freundschaften erleben, sozial und emotional gute Kompetenzen haben, erleben häufig Momente gelingender sozialer Interaktion. Sie haben viele Gelegenheiten, ihre sozialen und emotionalen Fähigkeiten immer weiter zu entwickeln und zu üben. Dadurch werden sie zu attraktiven Spielpartner*innen für Gleichaltrige und es ergeben sich gute Momente für soziales Lernen.

In einer Sozialen Anleitung geht es sehr häufig darum, den Kindern ein Stück weit zu erklären, wie das Zusammenleben in unserer Welt funktioniert. Sie kann ein Kind in besonderer Weise „anleiten", wie es in einer Situation reagieren oder sich verhalten kann, damit es gelingende soziale Interaktionen erleben kann.

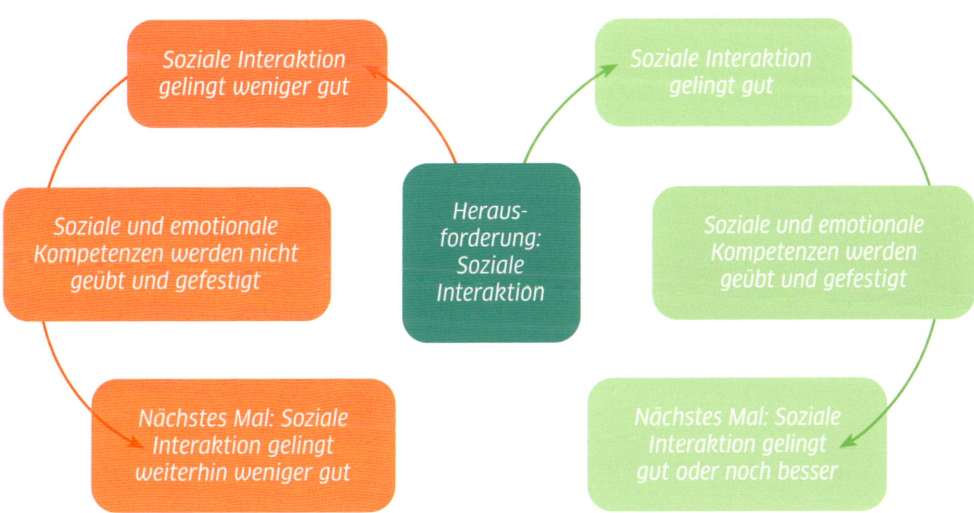

Abb. 2: Gelingende soziale Interaktion

Normen, Werte und (soziale) Regeln in der Kita

Damit das Miteinander in der Kita gelingen kann, müssen wir sicherstellen, dass alle Kinder die **Normen und Werte** kennen, die in der Kita gelten. Manche Regeln sind eindeutig und offensichtlich, viele andere sind jedoch eher vage und unausgesprochen.

Kinder erleben in ihrem familiären Umfeld eine **Fülle an Regeln und Erwartungen**, an die sie sich anpassen müssen. Manche dieser Regeln sind klar und deutlich, andere sind eher diffus und werden nicht deutlich kommuniziert. Dazu gibt es oft noch Unterschiede in den Erwartungen von Mutter und Vater oder anderen Bezugspersonen.

Auch in der Kita wird einiges klar kommuniziert, anderes eher weniger. Manche Erwartungen sind einfach da, ohne dass sie deutlich benannt werden.

Jedes Kind muss verstehen, welche Regeln in der Kita gelten. Es ist gut, wenn es einen Weg findet, sich auf diese Regeln und Erwartungen einzulassen. Vielleicht unterscheiden sich die Regeln, Normen und Werte von denen, die das Kind bisher von zu Hause kannte.

Es ist wichtig, zu lernen, dass Menschen unterschiedlich sind und jede*r Stärken und Schwächen hat. Ebenso wichtig ist es, zu verstehen, dass es in jeder Gemeinschaft einen Konsens zum akzeptierten Verhalten gibt, damit das Zusammenleben funktionieren kann.

Es gibt **Grenzen** und innerhalb dieser Grenzen ist Verhalten und Kommunikation akzeptiert. Das gilt auch für jede Kita-Gruppe. Jedes Kind muss lernen, sich innerhalb dieses Rahmens zu bewegen. Das funktioniert nicht sofort und nicht immer, sodass **Konflikte entstehen**. Das ist nicht weiter schlimm. Wichtig ist es, mit dem Konflikt so umzugehen, dass danach wieder eine positive Interaktion möglich wird.

Eine Soziale Anleitung kann eine Brücke sein. Sie kann einem Kind „erklären", wie soziale Interaktion und Kommunikation in einer ganz bestimmten Situation gut gelingen kann.

Was Bedürfnisse mit Konflikten zu tun haben

Abraham Maslow, ein US-amerikanischer Psychologe, unterteilte die Bedürfnisse von Menschen in **Stufen**, die **aufeinander aufbauen** und **sich entwickeln**.[3] Sind die **körperlichen Grundbedürfnisse** wie Essen und Schlafen befriedigt, entwickeln wir das **Bedürfnis nach Sicherheit**. Hierzu zählt das Bedürfnis nach körperlicher und seelischer Sicherheit, aber auch das Bedürfnis nach materieller Absicherung. Ist dieses Bedürfnis befriedigt, entwickeln sich Bedürfnisse nach Zugehörigkeit, Kommunikation, Gemeinschaft, gegenseitiger Unterstützung, Beziehung und Freundschaft, kurz: die **sozialen Bedürfnisse**. Das **Individualbedürfnis** entwickelt sich als letztes.

Allerdings stehen besonders das Bedürfnis nach Individualität und die sozialen Bedürfnisse im echten Leben sehr häufig miteinander im Konflikt und wechseln sich ab. Wird ein **Kind in der Kita abgelehnt** oder von den anderen Kindern ausgeschlossen, kann es sein Bedürfnis nach Zugehörigkeit zumindest in der Kita-Gruppe schlecht befriedigen. Außerdem hat es **weniger Gelegenheit, gelingende soziale Begegnungen und Freundschaften zu erleben**. Es hat also automatisch weniger Gelegenheit, seine **sozialen und emotionalen Kompetenzen weiterzuentwickeln und zu üben**.

Je nachdem, wie gut ein Kind seine sozialen Bedürfnisse befriedigen kann, wächst mit der Zeit die Angst vor Zurückweisung oder es wächst das Gefühl von Zugehörigkeit und damit auch das **Vertrauen in die eigenen sozial-emotionalen Fähigkeiten**. Gelingt es einem Kind einigermaßen, sich an die sozialen Regeln in der Kita-Gruppe anzupassen, wird es von den anderen Kindern wahrscheinlich freundlich aufgenommen. Das Kind kann wiederum sein Bedürfnis nach Zugehörigkeit und Freundschaft befriedigen.

Wenn es einem Kind schwerfällt, sich zu integrieren, wird es vermutlich schlechtere Chancen haben, als Spielpartner*in akzeptiert zu werden. Es wird sein Bedürfnis nach Anerkennung, Freundschaft und Zugehörigkeit in der Kita-Gruppe eher weniger gut befriedigen können.

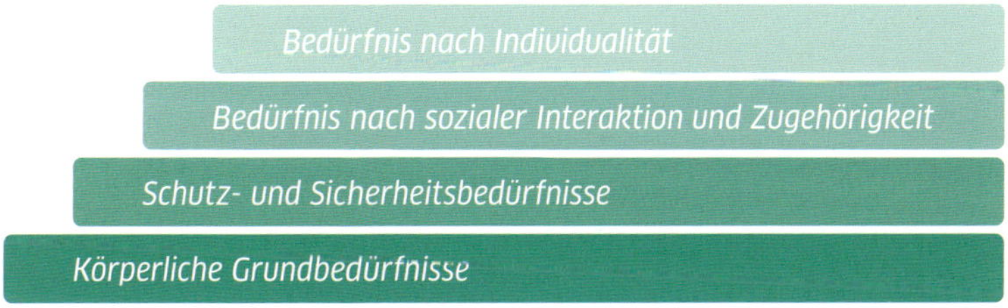

Bedürfnis nach Individualität

Bedürfnis nach sozialer Interaktion und Zugehörigkeit

Schutz- und Sicherheitsbedürfnisse

Körperliche Grundbedürfnisse

Abb. 3: Bedürfnisse von Menschen

[3] Vgl. Maslow, A. (1943): A Theory of Human Motivation. In: Psychological Review. 1943, Vol. 50(4), S. 370-396.

In der Lebenswirklichkeit von Kita-Kindern stehen die sozialen Bedürfnisse manchmal mit dem Bedürfnis nach Individualität in Konflikt.

Ein Kind, das beispielsweise in einer Reihe ganz vorn stehen möchte und dafür andere Kinder wegschubst, befindet sich in diesem Zwiespalt. Es möchte einerseits sein **Bedürfnis nach Wichtigkeit und Einzigartigkeit** befriedigen, also ganz vorn stehen, und andererseits Teil der Kita-Gruppe sein. Von der **Kita-Gruppe** möchte es dann Anerkennung und Wertschätzung bekommen, also hängt sein Bedürfnis nach Einzigartigkeit und Stärke mit dem Sozialbedürfnis zusammen. Fühlt sich das Kind keiner Gemeinschaft zugehörig, ist auch keine Person da, die sein Bedürfnis nach Einzigartigkeit befriedigen könnte. Ebenso ist es beim Spielen, wenn es darum geht, zu gewinnen. Das Bedürfnis nach Erfolg und Überlegenheit kann im **Konflikt** stehen mit dem Bedürfnis, dazuzugehören und Teil der Kindergruppe zu sein, die dieses Spiel gerade spielt.

Für eine Soziale Anleitung ist es wichtig, diese **Bedürfnisse** anzusprechen und ihnen **Raum zu geben**. Man kann es sich wie bei einem Eisberg vorstellen: Der Konflikt oder das herausfordernde Verhalten ist der Teil des Eisbergs, der gut sichtbar ist. Verborgen, unsichtbar unter der Wasseroberfläche, liegen vielleicht Bedürfnisse, Wünsche, Ängste, ein Missverständnis oder Erfahrungen, die zu dem Konflikt beigetragen haben. Es kann sich lohnen, diese zu erforschen. So können Sie feststellen, ob es einen Zusammenhang zwischen dem Konflikt und den unsichtbaren Auslösern gibt.

Abb. 4: Eisbergmodell

Selbstregulation in der Kita lernen

Die Fähigkeit, **sich selbst zu regulieren** und die eigenen Emotionen und Impulse zu steuern, ist eine sehr **wichtige Fähigkeit** im Hinblick auf ein gelingendes Miteinander in der Kita, aber auch im Hinblick auf das weitere Leben eines Kindes.

Der sogenannte **Marshmallow-Test** ist hierfür ein bekanntes Beispiel: In den späten 1960er- und frühen 1970er-Jahren setzte der US-amerikanische Psychologe Walter Mischel Kinder im Alter von vier Jahren an einen Tisch, auf dem ein Teller mit einem Marshmallow stand. Die Kinder sollten am Tisch vor dem Marshmallow sitzen bleiben und den Marshmallow nicht essen, während der Übungsleiter aus dem Zimmer ging. Wenn sie es schaffen würden, den Marshmallow nicht zu essen, bis der Übungsleiter nach einigen Minuten wieder zurückkam, würden sie einen zweiten Marshmallow bekommen und dürften dann beide Marshmallows essen.

Bei den Nachuntersuchungen Anfang der 1980er-Jahre stellte man fest, dass die Kinder, die es damals geschafft hatten, den Marshmallow nicht sofort zu essen, sondern auf den zweiten zu warten, erfolgreicher in der Schule waren, besser mit Stress und Frustration umgehen konnten und harmonischere Beziehungen führten. Diese Kinder waren also bereits im Alter von vier Jahren in der Lage, eine Belohnung aufzuschieben und **nicht ihrem ersten Impuls zu folgen** und den Marshmallow sofort zu essen.[4]

Bereits in der frühen Kindheit ist es wichtig, zu lernen, wie man sich selbst regulieren kann, wie man die eigenen Impulse steuert und „sich selbst im Griff" hat.

Wie gut diese Fähigkeiten sich entwickeln, ist abhängig von **genetischen Faktoren**, dem **Charakter** des Kindes und auch von seinem **sozialen Umfeld**. Zunächst einmal ist jedes Baby darauf angewiesen, dass eine erwachsene Person ihm bei der Regulation hilft. Die Bezugsperson muss dem weinenden Baby helfen, sich zu beruhigen. Sie nimmt es auf den Arm und wiegt es, spricht beruhigend mit ihm oder hilft ihm, einzuschlafen. Wir nennen das „Co-Regulation". Die Regulierung geschieht überwiegend durch eine Bezugsperson, also von außen, und nicht durch das Baby selbst.

[4] Vgl. Mischel, W. (2015): Der Marshmallow-Test: Willensstärke, Belohnungsaufschub und die Entwicklung der Persönlichkeit. Siedler Verlag.

Mit der Zeit kann ein kleines Kind sich immer besser selbst beruhigen, es lernt nach und nach, auch einmal kurz zu warten und seine Interessen, Impulse und Bedürfnisse für kurze Zeiträume aufzuschieben. Damit es diese Fähigkeit zur **Selbstregulation** lernen kann, benötigt ein Kind einerseits **Vorbilder** und andererseits **Begleitung und Unterstützung**. Gibt es beispielsweise im Elternhaus wenig Gelegenheit, eine gute, gelingende Impulskontrolle bei anderen Menschen zu beobachten, hat das Kind also keine guten Vorbilder, fällt es ihm wahrscheinlich auch schwerer, diese Fähigkeiten selbst zu entwickeln.

Die eigenen Impulse zu steuern und sich selbst zu regulieren, lernt ein Kind nicht von heute auf morgen. Es benötigt neben Vorbildern auch viele Gelegenheiten zum Üben.

Erst im späteren Grundschulalter ist die Fähigkeit zur **Selbstregulation** so weit entwickelt, dass ein Kind es sicher schafft, eine Belohnung aufzuschieben. Jedoch hat sich deutlich gezeigt, wie wichtig es bereits im Kita-Alter ist, **Impulskontrolle immer wieder zu üben**, damit ein Kind später über eine gute Fähigkeit zur Impulskontrolle und Selbstregulation verfügen kann.

Als pädagogische Fachkraft machen Sie das in der Kita etwa mit **Bewegungsspielen**, die eine schnelle oder eine ganz bestimmte Reaktion erfordern. Aber auch indem ein Kind **warten** muss, bis es an der Reihe ist, übt es seine Fähigkeit, sich selbst zu regulieren und seine Impulse zu steuern. Manche Kinder benötigen viel **konkrete Anleitung und Hilfestellung**, um diese Fähigkeiten zu entwickeln und zu üben, anderen Kindern fällt es leichter.

Soziale Anleitungen eignen sich sehr gut, um Kindern dabei zu helfen, Selbstregulation zu üben.

Die **Sozialen Anleitungen** bieten eine konkrete Anleitung dafür, wie ein Kind es in einer ganz bestimmten Situation schaffen kann, die eigenen **Impulse zu steuern** und die eigenen **Gefühle zu regulieren**. Sie können dazu anleiten, wie Impulskontrolle in einer ganz bestimmten Situation gelingen kann.

Bereits im Alter von vier oder fünf Jahren kann ein wichtiger Grundstein gelegt werden, damit Kinder im Laufe der Zeit immer kompetenter werden im Umgang mit ihren eigenen Impulsen und Emotionen.

Die Kompetenzen, die Kinder in dieser Zeit bereits entwickeln, werden sie ein Leben lang benötigen.

Die Wirkung von Sprache

Sprache spielt in unserer Kultur und in unserem sozialen Miteinander eine sehr wichtige Rolle. Über Sprache geschieht nicht nur Informationsaustausch oder werden Anweisungen gegeben, **mit Sprache kommunizieren** wir auch **Gefühle und Bedürfnisse**. Wir nutzen die Sprache zum Großteil und sehr häufig in ihrer **sozialen Funktion**. Das bedeutet gleichzeitig, dass Sprache eine sehr große Wirkung hat. Vielleicht erinnern Sie sich selbst noch an Worte oder Sätze, die erwachsene Personen in bestimmten Situationen zu Ihnen gesagt haben, als Sie ein Kind waren.

Weil Kinder weniger Lebenserfahrung haben, sind sie häufig sehr empfänglich für das, was gesagt wird. Dies schließt auch Bewertungen oder Aussagen über ihre eigene Person mit ein.

Selbstverständlich möchte keine pädagogische Fachkraft ein Kind absichtlich verbal verletzen. Im Kita-Alltag mit all seinen Herausforderungen kann es jedoch das ein oder andere Mal dazu kommen, dass Sie als Fachkraft Ihren **Unmut über eine Situation** sehr deutlich äußern. Das ist auch nicht falsch. Es kommt jedoch vor, dass gerade Konflikte, die immer wieder auftauchen, sehr an den eigenen Nerven zerren. In einer solchen Situation passiert es leicht, dass der **Tonfall** etwas schärfer wird oder die Wortwahl nicht ganz glücklich ist. Manchen Kindern macht das nicht so viel aus, sie sind „robust“. Andere Kinder berührt das sehr, sie sind **empfindlich** und nehmen Kritik schnell persönlich.

Beachten Sie besonders: Gesprochene Worte lassen sich nicht zurücknehmen.

Ein weiterer Nachteil von gesprochener Sprache ist, dass **Sprache nicht konsistent** ist. Worte und Sätze werden gesprochen und im nächsten Moment sind sie auch schon vergangen. Man kann sie nicht noch einmal betrachten wie beispielsweise Bilder. Es ist auch fast unmöglich, Sätze mehrmals genau gleich zu wiederholen. Wir verändern die Tonlage leicht, wir tauschen einzelne kleine Hilfswörter unbewusst aus usw. Das ist in den meisten Fällen auch nicht schlimm. Wenn wir über **Konflikte** sprechen, sieht das jedoch anders aus. Ein Konflikt ist normalerweise eine **emotional wenig entspannte Situation**. Je weniger ein Kind entspannt ist, desto weniger flexibel wird es in seinen kognitiven Möglichkeiten. Das gilt auch für Erwachsene.

Beispiel: *Stellen Sie sich vor, Sie fahren mit dem Zug zu einem wichtigen Vorstellungsgespräch und der Zug hat Verspätung. Kommt nun der Schaffner und weist Sie darauf hin, dass Sie das falsche Ticket gekauft haben, reagieren Sie vermutlich anders, als wenn der Zug pünktlich ist.*

Je weniger entspannt wir sind, desto weniger flexibel werden wir in unseren Reaktionen.

Nicht umsonst müssen wir manchmal „in Ruhe nachdenken". Ein Kind in einer konflikthaften Situation ist vermutlich eher nicht entspannt. Dadurch nimmt auch seine kognitive Flexibilität ab und ein klärendes Gespräch führt unter Umständen nicht wirklich zu einer konstruktiven und nachhaltigen Lösung des Konflikts.

Schrift als „durchdachte" Sprache

Im Gegensatz zu gesprochener Sprache hat geschriebene Sprache, also Schrift, einige Vorteile. Schreiben wir etwas auf, haben wir Gelegenheit, dieses genau zu durchdenken.

Beispiel: *Stellen Sie sich vor, Sie bewerben sich auf eine neue Stelle. Ihr Bewerbungsschreiben werden Sie vermutlich mehrmals umformulieren, bis Sie mit der endgültigen Form zufrieden sind. Im Bewerbungsgespräch selbst haben Sie diese Möglichkeit nicht mehr. Einmal ausgesprochen, haben Sie keine Möglichkeit, Ihre Worte zurückzunehmen.*

Haben Sie etwas niedergeschrieben, auf das Sie zurückgreifen können, haben Sie eine gute Möglichkeit, den Nachteil von spontan gesprochener Sprache zu reduzieren.

Eine Soziale Anleitung ist in einem ruhigen Moment formuliert und durchdacht worden, sodass sie genau das transportiert, was transportiert werden soll.

Mit einer Sozialen Anleitung stellen Sie sicher, dass Worte und Sätze genau in der Art und Weise kommuniziert werden, wie Sie oder jemand anders sich das in Ruhe überlegt hat. Dies ist ein großer Vorteil, gerade für Kinder, die sich leicht kritisiert fühlen oder bei denen Sie schnell das Gefühl haben, dass Sie ihnen zu nahe treten.

Soziale Anleitungen vs. andere Methoden des Sozialen Lernens

Häufig machen Sie sicherlich im Alltag die Erfahrung, dass Sie bestimmte Dinge immer wieder mit den Kindern besprechen und sich eigentlich trotzdem nur wenig ändert. Das ist auf die Dauer ermüdend und frustrierend. Häufig sind Sie als pädagogische Fachkraft mit **konflikthaften Situationen** konfrontiert, die ein **direktes Eingreifen oder Handeln notwendig** machen, die also eine sofortige Reaktion erfordern. Üblicherweise folgt dann wiederholend ein klärendes Gespräch mit dem Kind. Hier setzt die Soziale Anleitung anders an.

Eine Soziale Anleitung greift die konflikthafte Situation nicht direkt auf, sondern später, in einem ruhigen, entspannten Moment.

Damit haben Sie zwar in der konflikthaften Situation selbst nichts gewonnen, Sie können aber vorsorgen. Sie können dazu beitragen, dass zukünftige ähnliche Situationen entweder seltener auftreten oder die Kinder einen anderen Umgang damit finden. Eine Soziale Anleitung bietet also die **Gelegenheit zu nachhaltigem sozialen Lernen**. Im Unterschied zu vielen anderen Methoden können Sie mit einer Sozialen Anleitung **emotional Abstand** wahren. Abstand zu wahren, bedeutet, dass Sie dem Kind emotional nicht zu nahe treten. Sie werden nicht zu unüberlegtem Sprechen verleitet oder dazu, sich einer vorwurfsvollen Stimmlage zu bedienen. Sie wahren eine innere Distanz, die es dem Kind ermöglicht, sich emotional zu öffnen. Die **Beziehungsebene** zwischen dem Kind und Ihnen **bleibt unberührt**. Das Kind hat die **emotionale Sicherheit**, dass es nicht im Geringsten und zu keinem Zeitpunkt kritisiert wird. Es muss sich nicht äußern oder sein Verhalten rechtfertigen. In keiner Weise wird das Kind bloßgestellt oder beschämt. Es wird **objektiv erforscht und betrachtet**, was die (gute) Absicht oder das **Bedürfnis hinter dem Konflikt** ist. Jede Absicht dient eigentlich einem Zweck: Es gibt vermutlich ein Bedürfnis und das Kind hat versucht, dieses Bedürfnis zu befriedigen.

Durch den emotionalen Abstand geben Sie dem Kind die Möglichkeit, sich innerlich zu entspannen. Es kann die Soziale Anleitung auf sich wirken lassen, ohne dass es im Hinterkopf schon ein „Ja, aber …" bereithalten muss.

Das Kind soll die **Möglichkeit** haben, eigenes und fremdes **Verhalten zu verstehen**. Dadurch hat es die Möglichkeit, die Situation neu zu bewerten, sie in einem neuen Licht zu sehen. Es kann verstehen, welche Strategien eher dazu beitragen können, seine Bedürfnisse zu befriedigen. Es geht nicht darum, dass das Verhalten des Kindes oder seine Reaktion falsch oder schlecht war. Das Kind soll die Möglichkeit haben, in einem geschützten Rahmen zu verstehen:

- wie es sein Bedürfnis befriedigen kann,
- wie ein gelingendes Miteinander entstehen kann,
- wie es eine Situation neu und anders bewerten kann.

Das Kind soll also **nicht „überredet" oder manipuliert werden**, sich anders zu verhalten. Eine Soziale Anleitung verdeutlicht dem Kind, warum sein aktuelles Verhalten in einer bestimmten Situation für sich selbst und für andere Kinder oder Erwachsene problematisch ist. Sie verdeutlicht, welchen Gewinn es von einer anderen Herangehensweise oder von einer anderen Bewertung der Situation hätte. Dieser Gewinn für das Kind kann sehr vieles sein: der Erhalt einer Freundschaft, mehr Zeit zum Spielen im Außengelände, das Wohlwollen der anderen Kinder und vieles andere mehr.

Von der Theorie zur Praxis

Soziale Anleitungen in der Kita einsetzen

In jeder Kita gibt es täglich eine Vielzahl an potenziell konflikthaften Situationen. Kita-Kinder haben noch keine sehr guten Fähigkeiten, ihre **spontanen Impulse zuverlässig zu regulieren** und auch ihre **sozial-emotionalen Kompetenzen** müssen sich erst **noch entwickeln**. Gerade um zu lernen, eigene Impulse zu steuern und konstruktiv mit Konflikten umzugehen, profitieren Kinder von einer **guten Begleitung und Anleitung**. Im Grundschulalter können sie dann auf diesen Grundlagen aufbauen.

Konflikte zu bewältigen und Strategien zu lernen, um mit konflikthaften Situation umzugehen, gehört zu den ganz normalen Entwicklungsaufgaben jeden Kindes.

In der Kita haben Kinder viele Möglichkeiten und Freiheiten, sich zu entwickeln, zu lernen und die Welt zu entdecken. Das ist wunderbar, kann aber auch dazu führen, dass es zu Konflikten kommt. Manchmal gibt es einzelne Kinder, die immer wieder leicht in einen Konflikt hineingeraten, die noch keine **guten Strategien** haben, um mit anderen Kinder zu spielen, oder die es noch sehr schwierig finden, sich an Regeln zu halten. Sowohl einzelne Kinder als auch alltägliche Situationen bergen **Konfliktpotenzial**. Diese Tatsache wird verstärkt durch den allgegenwärtigen Personalmangel. Manche Kinder bräuchten eigentlich eine engere Begleitung, als dies in der Regel-Kita unter den aktuellen Umständen heutzutage möglich ist.

Ab und zu haben Sie vielleicht das Gefühl, Sie sagen etwas immer und immer wieder oder haben es schon so oft mit dem Kind besprochen und es ändert sich trotzdem nichts. Oder es kommt beim gemeinsamen Spielen im Freispiel wiederholt zu ähnlichen konflikthaften Situationen. Auch wenn es um das Einhalten von Regeln geht, erkennen Sie leicht, wie gut die Kinder schon in der Lage sind, die **eigenen Impulse zu steuern**, und wo noch **Unterstützung** notwendig ist.

Sehr häufig kommt es aufgrund von Missverständnissen zu Konflikten in der Kita.

Beispielsweise kann ein Kind annehmen, es wäre besser als die anderen, wenn es in der Reihe ganz vorn steht. Es drängelt und schubst andere Kinder, damit es möglichst ganz vorn stehen kann. Ein solches Missverständnis lässt sich mit einer Sozialen Anleitung gut auflösen.

Ziel einer Sozialen Anleitung ist es, ein konstruktives Miteinander möglich zu machen.

Es muss aber nicht immer ein herausforderndes Verhalten oder ein Konflikt vorliegen, um eine Soziale Anleitung einzusetzen. Es kann auch eine Situation sein, in der sich ein Kind **unwohl** fühlt oder die es **traurig** macht. Zum Beispiel viele Situationen rund um die Themen „Spielen" und „Freundschaft". Wenn Sie das Gefühl haben, Kinder sind unsicher oder frustriert von **nicht gelingenden Interaktionen** mit anderen Kindern, lohnt es sich, herauszufinden, was dahintersteckt. Manchmal kann eine **Soziale Anleitung** hier sehr **gut helfen**, ohne dass das Kind ein „Gespräch" über sich ergehen lassen muss, das ihm vielleicht unangenehm wäre.

Erste Überlegungen

Einige Punkte sollten Sie unbedingt **prüfen**, bevor Sie entscheiden, ob eine Soziale Anleitung die **passende Methode** für Ihr Anliegen ist. Vielleicht können Sie eine Soziale Anleitung genauso übernehmen, wie sie hier steht. Vielleicht müssen Sie aber auch einige Änderungen vornehmen, damit sie wirklich auf Ihre Situation passt. Je sorgfältiger Sie diese Überlegungen und Beobachtungen anstellen, umso eher kann eine Soziale Anleitung erfolgreich sein.

Voraussetzungen des Kindes

Das Kind, dass die Soziale Anleitung hören soll, muss in der Lage sein, diese zu verstehen. Hierzu sind zwei **Überlegungen** notwendig:

- Wie gut versteht das Kind die deutsche Sprache?
- Wie sind die kognitiven Fähigkeiten? Kann es das Gehörte nachvollziehen?

Bei Kindern ohne Entwicklungsverzögerungen, die Deutsch als ihre Muttersprache sprechen, ist dies ungefähr mit viereinhalb Jahren der Fall.

Während Sie die Anleitung vorlesen, ist es hilfreich, eine **Abbildung** zu zeigen. Diese kann das Kind dann anschauen, während es die Soziale Anleitung hört. Es sollte eine Abbildung sein, die die **konflikthafte Situation in ihrer Auflösung** zeigt, beispielsweise Kinder, die **zufrieden** im Morgenkreis sitzen oder die **gut gelaunt** miteinander spielen. Niemals sollten traurige oder wütende Kinder oder Erwachsene gezeigt werden. Das Kind soll die Soziale Anleitung als **Möglichkeit eines konstruktiven Miteinanders** begreifen. Eine entsprechende Abbildung kann diese Wahrnehmung unterstützen. (Im letzten Teil dieses Buches finden Sie Abbildungen, die jeweils zu den einzelnen Anleitungen passen. Siehe S. 65–72)

Die Soziale Anleitung muss auf die Situation passen

Sie müssen herausfinden, was genau zu dem problematischen Verhalten, dem Konflikt oder der Unzufriedenheit des Kindes führt. Welche **Gefühle und Motive** stehen dahinter? Es ist beispielsweise wichtig, zu erkennen, ob ein Kind ein anderes Kind schubst, weil es mit ihm spielen möchte, oder ob es sich von dem Kind gestört fühlt und es deshalb schubst, um sich vor ihm zu schützen. Das Verhalten (das Schubsen) ist in beiden Fällen gleich, jedoch werden die Anleitungen für diese beiden Situationen ganz unterschiedlich sein. So kann es unterschiedliche Anleitungen für ein und dasselbe Verhalten geben, weil eben verschiedene Motive und Bedürfnisse dahinterstehen können.

Ich möchte Sie dazu ermutigen, die Sozialen Anleitungen in diesem Buch zu verändern. Vielleicht benutzen Sie in Ihrer Einrichtung andere Begriffe oder manche Formulierungen scheinen Ihnen nicht zu passen.

Verändern Sie die Soziale Anleitung einfach so, dass sie zu dem Kind und seinen Möglichkeiten passt.

Nutzen Sie die hier dargestellten Sozialen Anleitungen als Vorlage. Ergänzen Sie, lassen Sie etwas weg oder formulieren Sie Textstellen um, wie es für die jeweilige Situation am geeignetsten ist.

Vorteile einer Sozialen Anleitung

Die Vorteile, die eine Soziale Anleitung haben kann, habe ich hier noch einmal zusammengefasst:

Für das Kind

- Es fühlt sich angenommen und verstanden.
- Durch einen respektvollen emotionalen Abstand zur erwachsenen Person kann das Kind emotionale Sicherheit erleben.
- Es bleibt selbstbestimmt in seinem Handeln.
- Es muss nicht einen „Fehler“ zugeben oder sich entschuldigen.
- Es kann sich geschützt und in Sicherheit fühlen und wird nicht bloßgestellt oder zurechtgewiesen.
- Es hat nicht das Gefühl, sich oder sein Verhalten rechtfertigen zu müssen.

Für die pädagogische Fachkraft

- Sie schont ihre Nerven.
- Sie muss nicht in der konflikthaften Situation reagieren, sondern im Nachhinein und wohlüberlegt.
- Sie kommt nicht in Versuchung, einen unangemessenen Ton anzuschlagen.

Für alle Beteiligten

- Der Kreislauf aus herausforderndem Verhalten, Zurechtweisung, schlechter Stimmung und erneutem herausfordernden Verhalten wird durchbrochen.
- Konflikthafte Situationen verlieren generell an Gewicht und verlieren daher auch ihre Bedrohlichkeit, die manche Kinder im Zusammenhang mit Konflikten empfinden.
- Situationen, in denen es unnötigerweise zu Konflikten kommt, nehmen ab.

Eine Soziale Anleitung anwenden

Wenn Sie eine Soziale Anleitung gefunden haben, die auf Ihre Situation passt, überlegen Sie, ob Sie diese einem einzelnen Kind oder mehreren Kindern vorlesen möchten. Dies hängt davon ab, ob es sich um eine Situation handelt, die nur ein Kind betrifft oder ob eine bestimmte Gruppe von Kindern involviert ist.

Wichtig: **Die Überschrift wird nicht mit vorgelesen!** Sie dient nur dazu, dass Sie möglichst einfach eine passende Soziale Anleitung finden.

„Nebenbei" vorlesen

Wählen Sie eine **entspannte Situation** zum Vorlesen. Lesen Sie die Anleitung **niemals direkt nach der konflikthaften Situation** vor, sondern später oder am nächsten Tag, wenn sich die Lage beruhigt hat. Direkt nach der Situation ist meistens keine konstruktive Auseinandersetzung möglich. Oft sind Sie selbst oder das Kind emotional so sehr angespannt oder in dem Konflikt verstrickt, dass es wichtig ist, diesen erregten Moment vorbeiziehen zu lassen. Später oder am nächsten Tag kann das Kind und Sie selbst dann eher einen inneren, emotionalen Abstand halten. Genauso wichtig ist es, die Anleitung auch **nicht direkt vor der zu erwartenden konflikthaften Situation** vorzulesen. Das Kind soll sich nicht belehrt oder angegriffen fühlen. Ein guter Zeitpunkt zum Vorlesen ist, wenn es vielleicht gerade etwas langweilig ist oder die Kinder sich ruhig beschäftigen.

In emotional neutraler Stimmlage vorlesen

Lesen Sie die Anleitung ungefähr in der emotionalen Tonlage vor, in der Sie ein **Sachbuch** vorlesen würden. Also „unaufgeregt", **ohne emotionale Betonung** und

etwas langsamer als sonst. So hat das Kind Gelegenheit, innerlich zu folgen und sich auf die Thematik einzulassen, ohne eine innere Abwehr zu errichten oder sich innerlich zu rechtfertigen. Das ist wichtig, damit das Kind entspannt bleibt und sich ganz in Ruhe mit den Gehörten beschäftigen kann. Emotionale Äußerungen sind hier eher hinderlich.

Keinen Blickkontakt suchen

Vermeiden Sie es, das Kind während oder direkt nach dem Vorlesen anzuschauen. Dies dient ebenfalls dazu, dem Kind eine **emotionale Sicherheit** zu geben. **Es soll wissen, dass keine Reaktion von ihm erwartet wird**: weder eine Rechtfertigung, Zustimmung, Entschuldigung noch Versprechungen.

Sobald Sie Blickkontakt suchen und damit Kontakt zu dem Kind aufnehmen, wird das Kind sich gedrängt fühlen, in irgendeiner Art reagieren. Das kann auch ein Wegschauen sein, dann wäre es das Signal, dass das Kind keinen Kontakt wünscht. Wir wollen jedoch das Kind nicht in Bedrängnis bringen. Es soll nicht das Gefühl haben, dass eine Reaktion von ihm erwartet wird. Sucht das Kind jedoch **von sich aus Blickkontakt**, dürfen Sie es selbstverständlich ebenfalls anschauen.

Im Anschluss kein Gespräch suchen

Das, was die Soziale Anleitung thematisiert, wird nicht im Anschluss an das Vorlesen besprochen. Das würde in vielen Fällen dazu führen, dass das Kind sich **bloßgestellt oder belehrt fühlen** würde.

Die Anleitung sollte für sich allein stehen und dem Kind Gelegenheit geben, sich **mit dem Gehörten auseinanderzusetzen**. Das Kind darf selbst die Wahrheit in der Sozialen Anleitung prüfen. Die Soziale Anleitung will diesen **inneren Prozess anstoßen** und dem Kind in Ruhe die Gelegenheit geben, sich damit zu beschäftigen. Es soll nicht durch ein Gespräch in eine Richtung gedrängt werden, sich nicht rechtfertigen oder gar einen Fehler zugeben müssen.

Auch wird die Soziale Anleitung in keinem anderen Zusammenhang erwähnt oder aufgegriffen. Sie **steht für sich allein** und **wird nicht instrumentalisiert** mit Aussagen wie zum Beispiel: „Denk daran, was wir vorhin gelesen haben …“ oder Ähnliches. Beginnt das Kind jedoch **von sich aus** ein Gespräch, dürfen Sie selbstverständlich über den Aspekt, der das Kind beschäftigt, sprechen. Es kann auch sein, dass das Kind die Soziale Anleitung auf sich selbst überträgt und vielleicht darüber sprechen möchte. In diesem Fall sollten Sie immer nur so viel besprechen, wie das Kind zulässt und aktiv vorgibt. So können Sie es vermeiden, das Kind emotional zu überfordern.

Je nach Bedarf mehrmals vorlesen

Manchmal reicht es, eine Soziale Anleitung ein einziges Mal vorzulesen, beispielsweise um dem Kind zu helfen, ein Missverständnis zu durchschauen. Sehr oft ist es aber notwendig, die Soziale Anleitung mehrmals zu wiederholen. Das kann jeden Tag sein oder auch mit einem Abstand von mehreren Tagen. Wie oft Sie eine Soziale Anleitung vorlesen, hängt auch davon ab, wie häufig die kritische Situation auftritt. Handelt es sich zum Beispiel um eine Situation beim Aufstellen in einer Reihe und kommt es nur einmal in der Woche vor, dass die Kinder sich aufstellen, kann es sein, dass Sie die Anleitung über mehrere Wochen hinweg immer mal wieder vorlesen. Es gibt dann für das Kind einfach zu selten die Gelegenheit, zu „üben".

Wenn es nicht funktioniert

Manchmal kann es auch sein, dass die Soziale Anleitung nicht wirklich passt. In diesem Fall hilft auch kein mehrmaliges Vorlesen. Überlegen Sie, ob Sie wirklich die **Motivation** und das Bedürfnis des Kindes verstanden haben. In welchen Situationen genau taucht das Problem auf? Wer ist alles beteiligt? Vielleicht haben Sie ein **wichtiges Detail übersehen**. Vielleicht sind auch manche Formulierungen zu kompliziert oder nicht präzise oder die Sätze sind zu lang. All dies kann dazu führen, dass die Arbeit mit einer Sozialen Anleitung nicht gewinnbringend für das Kind ist. Manchmal reicht es dann schon aus, einige kleinere Details umzuformulieren, damit die Soziale Anleitung passt.

Selbst eine Soziale Anleitung schreiben

In diesem Buch finden Sie eine Reihe fertiger Sozialer Anleitungen, die Sie direkt übernehmen können oder die Sie vielleicht nur an wenigen Stellen verändern müssen, damit sie für Ihre Situation und Ihr Kind passen. Wenn Sie keine Soziale Anleitung finden, die für Ihre Situation passend erscheint, können Sie selbst relativ einfach eine Soziale Anleitung erstellen. Im Folgenden gebe ich Ihnen ein **„Grundrezept"** dafür. Sie werden bei den Sozialen Anleitungen in diesem Buch merken, dass sie nicht immer ganz genau nach diesem Grundrezept erstellt wurden. Es handelt sich also tatsächlich um ein „Grundrezept", das Sie abwandeln dürfen und sollen, damit es für Sie und Ihre Kinder passt.

Praktische Vorüberlegungen

Zuerst müssen Sie erforschen, was überhaupt das Problem ist. Es kann beispielsweise sein, dass ein Kind drängelt und schubst, um ganz vorn in der Reihe zu stehen, weil es findet, wenn man vorn steht, ist man „besser" als die anderen, oder weil es findet, wenn man vorn steht, kommt man schneller in das Außengelände. Es ist also wichtig, herauszufinden, was genau die **Motivation des Kindes** für das Drängeln und Schubsen ist. Das Drängeln oder Schubsen ist immer gleich, jedoch wird die Soziale Anleitung sich an der Motivation orientieren und sich je nach Situation unterscheiden. Darum ist es wichtig, hier im Vorfeld möglichst genaue Beobachtungen anzustellen. Die folgenden **Fragestellungen** können Ihnen helfen, dem Konflikt auf den Grund zu gehen:

- Was genau bereitet Schwierigkeiten?
- Wer ist alles beteiligt? (Immer die gleichen Kinder, eine bestimmte Gruppe von Kindern etc.?)
- Tritt das Verhalten in ähnlichen Situationen ebenfalls auf?
- Aus welchem Grund könnte das Kind so reagieren? (Erkennen Sie ein Bedürfnis, eine Angst, ein Missverständnis, eine besondere Motivation, frühere Erfahrungen von Ablehnung oder Misserfolg etc.?) Denken Sie an den „Eisberg".

Vielleicht machen Sie sich ein paar Notizen und bitten auch Ihre Kolleg*innen um deren Beobachtungen. So erhalten Sie einen guten **Überblick über die Situation**, über mögliche Auslöser für Streit oder Konflikte und können die Situation besser in einem größeren Zusammenhang sehen. Nun überlegen Sie, welchen **persönlichen Vorteil** das Kind hätte, anders zu reagieren. Das kann sehr vieles sein, hier einige Beispiele:

- Erhalt von Freundschaften
- Möglichkeit für gemeinsames Spielen
- gute Stimmung in der Gruppe
- mehr Zeit zum Spielen/im Außengelände/im Bewegungsraum ...

Gibt es keinen Vorteil für das Kind, wird es ihm vermutlich nicht ganz so leichtfallen, die Situation neu zu bewerten. Ein anderes Verhalten oder eine andere Reaktion wäre dann eher ein Zwang oder das Kind würde es Ihnen recht machen wollen bzw. negative Konsequenzen vermeiden.

Eine Soziale Anleitung soll dem Kind wirklich und nachhaltig helfen, seine eigenen Impulse zu kontrollieren, mit eigenen Gefühlen gut umzugehen oder auf andere Weise dazu beizutragen, dass gelingende Begegnungen in der Kita möglich werden.

Das Kind soll mit der Sozialen Anleitung auf keinen Fall überredet oder gedrängt werden, sein Verhalten zu ändern.

Anrede passend formulieren

Eine soziale Anleitung ist immer in der dritten und in der ersten Person geschrieben. Den Anfang schreiben Sie am besten **in der dritten Person**. So können Sie gewährleisten, dass das Kind sich nicht direkt angesprochen oder bedrängt fühlt. Mögliche Satzanfänge für den Einstieg können sein:

- Viele Kinder mögen es gern, wenn ...
- Viele Kinder finden es schwer, dass ...
- In der Kita ist es oft so, dass ...

Der **Wechsel in die erste Person** bietet sich an, wenn es um Vorschläge zur Veränderung des Verhaltens geht. Nun kann das Kind die Anleitung gut auf sich selbst beziehen, denn es geht nicht um eine Konfrontation, sondern um einen Vorschlag, sich anders zu verhalten, eine Situation anders zu bewerten oder anders zu reagieren, um einen Konflikt zu vermeiden. Das Kind merkt meist nicht, dass Sie von „man" zu „ich" wechseln, und das ist auch beabsichtigt. Würde es das merken, wäre es vielleicht misstrauisch.

Klare Wortwahl

Bedienen Sie sich einer möglichst **genauen** und möglichst **einfachen** Sprache. Die Worte müssen so gewählt sein, dass das Kind sie versteht und die Bedeutung der Worte **möglichst genau** kennt. Manchmal müssen Sie ein bisschen mit den Worten spielen, um herauszufinden, welches der passende Begriff ist. Dabei sollten Sie das Kind und seine sprachlichen und kognitiven Fähigkeiten im Blick haben.

Einfacher Satzbau

Bedienen Sie sich eines sehr **einfachen Satzbaus**. Faustregel: Je kürzer die Sätze, umso besser. Manchmal werden die Sätze auf Sie schon fast banal wirken. Das trägt dazu bei, dass das Kind sie schnell und vollständig erfassen kann. Es soll keine große Konzentration aufwenden müssen, um Ihnen zu folgen. Außerdem sollten die Sätze immer einen **beschreibenden Charakter** haben. **Vermeiden Sie jegliche Art von Bewertungen.** Besonders bei Gefühlen und Motivationen gilt es, diese lediglich zu beschreiben und keine Bewertung vorzunehmen. Mögliche Satzanfänge für das Ende können sein:

- Wenn ich mich daran erinnere, dass ..., kann ich es schaffen, dass ...
- Wenn ich daran denke, dass ..., kann ich ...
- Ich kann mich darüber freuen, dass ...

Illustrationen zur Veranschaulichung

Am Ende dieses Buches finden Sie eine Reihe von Illustrationen, die zu den Anleitungen in diesem Buch passen. Wenn Sie selbst eine Anleitung schreiben, passt vielleicht ebenfalls eine dieser Illustrationen. Sie können auch selbst eine Illustration zeichnen oder ein passendes Bild aus anderen Quellen benutzen. Wichtig ist hierbei, dass die **Abbildung die gelingende Situation zeigt**. Niemals wird der Konflikt gezeigt, sondern immer eine gelingende Variante oder Auflösung der Situation, beispielsweise Kinder, die fröhlich miteinander spielen, oder Kinder, die zufrieden im Stuhlkreis sitzen.
Sie können auch einfach zwei **Smileys** oder zwei **Strichmännchen mit lächelndem Gesicht** zeichnen.

Es ist für viele Kinder **hilfreich**, wenn sie während des Hörens ihre Augen auf etwas richten können und so mit dem Sehen einen zweiten Wahrnehmungskanal zur Verfügung haben. Außerdem fällt es vielen Kindern **leichter, zuzuhören**, wenn sie währenddessen etwas anschauen können. Prinzipiell ist es aber nicht zwingend erforderlich, eine Illustration zu haben, sie unterstützt jedoch das Kind in der Wahrnehmung der Anleitung.

Die Anleitung schreiben

Mitteilung des Themas

Zum Anfang der Anleitung wird das Thema des Konfliktes mitgeteilt. Dabei nehmen Sie keine Bewertung vor. Damit sich das Kind nicht allein fühlt, betonen Sie, dass viele Kinder ähnlich empfinden, ähnliche Wünsche oder Bedürfnisse haben.

Beispiel: *Vielen Kindern macht es Spaß, mit ihren Freunden und Freundinnen ein Spiel zu spielen, zum Beispiel (Name des Spiels einfügen). Bei dem Spiel geht es darum, als Erstes fertig zu sein. Wer als Erstes fertig ist, hat gewonnen. Die anderen können noch weiterspielen, bis alle fertig sind, oder sie hören auf.*

Das Problem erklären

Im nächsten Schritt wird das Problem beschrieben, das sich in der Situation häufig ergibt. Hierbei ist es ebenfalls wichtig, keine Bewertung vorzunehmen. Jedes Verhalten geschieht aus einem guten Grund. Es ist oftmals der Versuch des Kindes, ein Bedürfnis zu befriedigen. Dieses Bedürfnis ist zunächst einmal einfach vorhanden, es ist weder gut noch schlecht. Manchmal ist es auch ein Missverständnis, das dem Konflikt zugrunde liegt. Ein Missverständnis ist ebenfalls weder gut noch schlecht, sondern muss aufgeklärt werden. Vielleicht geht das Kind unbewusst davon aus, dass es das einzige Kind ist, das gern gewinnt, und dass es den anderen Kindern eigentlich egal wäre, zu verlieren.

Beispiel: *Alle Kinder gewinnen gern. Wenn man verliert, ist man oft enttäuscht. Man weiß nicht vorher, wer gewinnt und wer verliert. Es ist eine Überraschung. Wenn ich gewinne, fühle ich mich gut. Wenn ich verliere, bin ich enttäuscht. Vielleicht ärgere ich mich auch oder werde wütend. Dann kann es sein, dass ich die Karten auf den Boden werfen will oder jemanden schlagen. Dann müssen wir aufhören. Die anderen Kinder ärgern sich wahrscheinlich. Vielleicht würden sie gern noch weiterspielen.*

Alternatives Verhalten oder Gedankenstütze anbieten

Am Ende steht die Schlussfolgerung, die das Kind ziehen kann. Dabei sollte deutlich werden, welchen persönlichen Gewinn das Kind hätte, wenn es anders reagieren würde. Außerdem ist es gut, eine „Gedankenstütze" einzubauen, an die das Kind sich das nächste Mal erinnern kann.

Beispiel: *Wenn ich verliere, kann ich mich daran erinnern, dass wir weiterspielen können, bis jeder einmal gewonnen hat. Ich kann daran denken, dass ich manchmal gewinne und manchmal ein anderes Kind. Wenn ich daran denke, kann ich es schaffen, ruhig zu bleiben, auch wenn ich dieses Mal verliere. Die anderen Kinder freuen sich und spielen gern mit mir. Es ist schön, Freunde und Freundinnen zu haben, die gern mit mir spielen.*

Fertigstellen

Nachdem Sie die Anleitung geschrieben haben, empfiehlt es sich, sie noch einmal zu überprüfen:

- logischer Aufbau, roter Faden, einfach nachzuvollziehen?
- kurze Sätze, eindeutige Wortwahl?
- keine überflüssigen Textstellen?
- keine Bewertungen von Emotionen, sondern Beschreibungen?

Überarbeiten Sie Ihre Soziale Anleitung, kürzen Sie, wo nötig, formulieren Sie um oder passen Sie die Wortwahl und die Satzlänge an.

Insgesamt sollte die Soziale Anleitung sich flüssig und leicht lesen lassen. So können Sie vermeiden, dass die Kinder zu viel Aufmerksamkeit auf das Zuhören richten müssen und ihre ganze Aufmerksamkeit dem Inhalt widmen können.

Soziale Anleitungen für den Kita-Alltag

Im folgenden Teil finden Sie Soziale Anleitungen, die Sie direkt in Ihrem Alltag in der Kita anwenden können. Wenn Sie eine Soziale Anleitung gefunden haben, die in etwa zu Ihrer Situation passt, kann es notwendig sein, dass Sie diese noch ein wenig verändern. Vielleicht benutzen Sie andere Begriffe, der Konflikt taucht in einer etwas anderen Situation auf oder eine Formulierung ist für Sie unpassend. Verändern Sie die Anleitung so, dass Sie zu Ihrem Kind und Ihrer Situation passt.

Wichtig: Die Überschrift wird nicht vorgelesen! **Sie soll nur dazu beitragen, dass Sie möglichst schnell eine passende Soziale Anleitung finden!**

Die Anleitungen sind in **drei Kategorien** eingeteilt. Da eine klare Zuordnung manchmal schwierig ist, kann es sein, dass Sie eine passende Anleitung in einer anderen Kategorie finden als zunächst vermutet.

1. Konflikte zwischen Kita-Kindern (ab S. 31):
In diesem Teil finden Sie Anleitungen für Konflikte, die sich hauptsächlich zwischen Kindern abspielen. Dies betrifft die großen Bereiche der Freundschaften und des gemeinsamen Spielens.

2. Konflikte mit der Kita (ab S. 44):
Hier finden Sie Anleitungen für Konflikte, die sich vor allem im Zusammenhang mit dem System Kita zeigen, etwa Situationen im Morgenkreis oder beim Aufstellen in einer Reihe.

3. Konflikte über den Kita-Alltag hinaus (ab S. 54):
Am Ende finden Sie Anleitungen für Konflikte, die im weitesten Sinne mit der Kita zu tun haben und sich auch darüber hinaus zeigen.

Im letzten Teil des Buches finden Sie **zwölf Abbildungen** (S. 65–72), die Sie herausschneiden können. Jede Abbildung ist mit Nummern versehen. Diese Nummern zeigen Ihnen, zu welchen Sozialen Anleitungen diese Abbildungen jeweils passen. Betrachten Sie dies als Vorschläge, letztendlich können Sie die Abbildung verwenden, die Ihrem Gefühl nach am besten zu der jeweiligen Situation passt.

Legen Sie die entsprechende Abbildung gut sichtbar hin, während Sie die Soziale Anleitung vorlesen. So kann das Kind oder können die Kinder währenddessen die Abbildung anschauen.

Bei einem Spiel verlieren können

Wenn man sich ärgert, dass man verliert

1. Viele Kinder spielen gern Spiele, zum Beispiel (Name des Spiels einfügen). Wer als Erstes fertig ist, hat gewonnen. Die anderen können so lang weiterspielen, bis alle fertig sind. Oder sie hören auf, dann ist das Spiel zu Ende.

2. Wenn ich gewinne, freue ich mich und fühle mich gut. Wenn ich verliere, bin ich enttäuscht oder ärgere mich. Vielleicht werde ich wütend, weil ich nicht gewonnen habe.

   Man weiß vorher nicht, ob man gewinnen oder verlieren wird. Es ist eine Überraschung. Manchmal werde ich gewinnen und manchmal verlieren.

   Wenn ich mich darüber ärgere, dass ich nicht gewonnen habe, kann es sein, dass ich wütend werde. Es kann sein, dass ich die Karten auf den Boden werfen möchte. Dann müssen wir aufhören. Die anderen Kinder werden sich ärgern, weil sie vielleicht noch weiterspielen wollten.

3. Wenn ich verliere, kann ich mich daran erinnern, dass wir noch weiterspielen können. Oder wir spielen so oft, bis jedes Kind einmal gewonnen hat.

   Ich kann daran denken, dass jedes Mal nur ein Kind gewinnt und alle anderen nicht gewinnen.

   Wenn ich daran denke, kann ich es schaffen, die Karten in der Hand zu behalten. Ich kann daran denken, dass ich ein anderes Mal wieder gewinnen werde. Die anderen Kinder spielen gern mit mir und wissen, dass ich auch gern mit ihnen spiele.

   Es ist schön, in der Kita Freunde und Freundinnen zu haben, mit denen ich spielen kann.

Setzen Sie den Namen des Spiels ein, bei dem Ihnen der Konflikt besonders häufig auffällt. Je konkreter die Soziale Anleitung in diesem Punkt ist, desto besser kann das Kind sie auf seine eigene Situation übertragen.

2 Bei einem Streit „Stopp!“ sagen, anstatt zu schlagen

Wenn man bei einem Streit andere Kinder haut, anstatt „Stopp!“ zu sagen

1. In der Kita sind viele Kinder zusammen in einer Gruppe. Wenn viele Kinder zusammen sind, kann es leicht passieren, dass sich ein Kind über ein anderes Kind ärgert. Oder dass ein Kind denkt, die anderen Kinder würden es mit Absicht ärgern. Manchmal wird ein Kind dann wütend oder denkt, dass es ungerecht behandelt wird.

   Manchmal weiß man genau, warum man sich ärgert, und manchmal weiß man nicht so genau, warum man wütend wird.

2. Wenn man in der Kita ist und wütend wird, ist es gut, wenn man zu den Kindern, über die man sich ärgert, „Stopp!“ sagt. Alle Kinder in der Kita müssen lernen, ein anderes Kind in Ruhe zu lassen, wenn es „Stopp!“ sagt.

   In der Kita sind manche Kinder noch klein, darum können sie nicht immer verstehen, dass sie aufhören müssen, wenn ein Kind „Stopp!“ sagt. Andere Kinder können sich noch nicht so gut an die Regeln halten. Sie müssen noch lernen, aufzuhören, wenn jemand „Stopp!“ sagt.

3. Wenn ich wütend werde, kann ich mich daran erinnern, dass es wichtig ist, „Stopp!“ zu sagen.

   Manchmal kann es passieren, dass ich so wütend werde, dass ich das andere Kind schlagen oder treten möchte.

   Dann kann ich daran denken, dass es gut ist, zu einer Erzieherin zu gehen und zu sagen: „Dieses Kind ärgert mich.“ Die Erzieherin weiß dann, was zu tun ist.

   Sie kann dafür sorgen, dass die anderen Kinder aufhören, wenn ich „Stopp!“ gesagt habe und die Kinder nicht aufgehört haben.

Sollte es dennoch zu Handgreiflichkeiten kommen, greifen Sie unbedingt ein. Machen Sie deutlich, dass Schlagen und Treten nicht akzeptiert werden. Es ist wichtig, dass Sie ein Vorbild sind! Bleiben Sie möglichst ruhig und reagieren Sie deeskalierend.

Bei einem Streit rechtzeitig Hilfe holen

Wenn man eine*n Erwachsene*n holen sollte, um einen Streit zu beenden

1. Es ist schön, in der Kita mit andern Kindern zu spielen. Manchmal kann es passieren, dass es Streit gibt oder dass sich Kinder gegenseitig ärgern. Auch wenn sie eigentlich Freunde oder Freundinnen sind. Dann ist manchmal ein Kind traurig oder wütend, weil es sich von seinem Freund oder seiner Freundin geärgert fühlt.

2. Es kann passieren, dass mein Freund oder meine Freundin wütend wird oder dass ich wütend werde.

   Wenn ein Kind sehr wütend wird, kann es vorkommen, dass es das andere Kind hauen will. Es denkt in dem Moment nicht daran, dass man nicht hauen soll.

3. Wenn ich merke, dass ich sehr wütend werde, kann ich zu einer Erzieherin gehen und sagen: „Wir haben Streit."

   Die Erzieherin weiß dann, was zu tun ist, damit wir wieder miteinander spielen können. Sie kann uns helfen, dass kein Kind geschlagen wird.

   Wenn ich wütend werde, kann ich mich daran erinnern, dass es manchmal schwer ist, sich von allein wieder zu vertragen. Ich kann daran denken, dass es dann gut ist, zu einer Erzieherin zu sagen: „Wir haben Streit."

   Die anderen Kinder werden froh sein, wenn ich eine Erzieherin hole.

   Die Erzieherin ist froh, wenn ich es schaffe, sie zu holen, damit kein Kind gehauen wird. Sie freut sich, dass ich daran gedacht habe.

Wenn nicht die körperliche Auseinandersetzung das Problem ist, sondern sich die Kinder beispielsweise mit Sand bewerfen oder Ähnliches, ändern Sie die Begriffe in der Sozialen Anleitung entsprechend ab.

4 Über die anderen Kinder bestimmen wollen

Wenn man den anderen Kindern sagen will, was sie tun sollen und was nicht

1. In der Kita sind sehr viele Kinder zusammen. Manche Kinder spielen gern allein, andere Kinder wollen gern mit anderen Kindern zusammenspielen. Manchmal will ein Kind den anderen Kindern sagen, was sie spielen sollen. Es möchte gern über die anderen Kinder bestimmen.

2. Die anderen Kinder finden das meistens nicht gut. Sie möchten gern selbst entscheiden, was sie machen wollen und was nicht.

3. Wenn ich in der Kita über andere Kinder bestimmen möchte, kann ich daran denken, dass die anderen Kinder das nicht mögen. Jedes Kind ist ein eigener Mensch und darf selbst über sich bestimmen.

   Die anderen Kinder können meine Freunde und Freundinnen sein. Wir können zusammenspielen und jedes Kind kann trotzdem selbst bestimmen, was es möchte. Wir können gut miteinander befreundet sein, wenn jedes Kind selbst bestimmen kann, was es möchte.

   Wenn ich anderen Kindern gern sagen möchte, was sie machen sollen, kann ich daran denken, dass die anderen Kinder das nicht mögen. Ich kann daran denken, dass jedes Kind eigene Ideen hat und über sich selbst bestimmen möchte.

   Ich kann mich daran erinnern, dass es schön ist, in der Kita Freunde und Freundinnen zu haben. Trotzdem kann jedes Kind selbst bestimmen, was es möchte und was nicht.

Es ist hilfreich, die konkreten Namen der Kinder einzusetzen, wenn es sich um ganz bestimmte Kinder handelt. So kann das Kind, dem Sie die Soziale Anleitung vorlesen, noch besser verstehen, was genau gemeint ist.

5 Ein anderes Kind ausschließen wollen

Wenn ein Kind andere Kinder beim Spielen ausschließt

1. Es ist schön, in der Kita Freunde und Freundinnen zu haben. Manchmal kann man nur mit einem Kind spielen, mal mit mehreren Kindern gemeinsam.

   Es kann sein, dass wir etwas spielen und noch jemand mitspielen will. Dann kann es passieren, dass ein Kind sagt: „Wir lassen dich nicht mitspielen." Das Kind fühlt sich wahrscheinlich stark, wenn es bestimmt, wer mitspielen darf und wer nicht.

   Für das andere Kind ist es kein schönes Gefühl. Es ist vielleicht traurig, weil es ausgeschlossen wird. Vielleicht denkt es, dass wir es nicht mögen. Vielleicht ist es beleidigt, weil wir es ausschließen.

2. Wenn ich an einem Tag mit einem bestimmten Kind nicht spielen möchte, kann ich mit einem anderen Kind spielen oder etwas ganz anderes machen. Ich kann daran denken, dass es gemein ist, ein anderes Kind auszuschließen. Ich weiß, dass ich es gemein finde, wenn ich ausgeschlossen werde.

   Es ist schön, in der Kita Freunde und Freundinnen zu haben. Es ist gut, auch andere Kinder mitspielen zu lassen.

3. Wenn ich daran denke, kann ich ein Kind mitspielen lassen, auch wenn es nicht mit mir befreundet ist. Ich kann mich daran erinnern, dass es gemein ist, jemanden auszuschließen.

   Wenn ich daran denke, kann ich mit vielen Kindern in der Kita spielen und mit vielen Kindern befreundet sein.

   Es ist ein schönes Gefühl, dass die anderen Kinder mich mögen und ich mit ihnen befreundet bin.

Beziehen Sie die jeweilige Entwicklungsphase der Kinder bei Ihrer Beurteilung der Situation mit ein. Es erfordert ein hohes Maß an sozialer Kompetenz, Kinder mitspielen zu lassen, die man nicht mag. Je nach Entwicklungsstand können dies noch nicht alle Kinder gleich gut und einige werden dabei Unterstützung benötigen.

6 Ein anderes Kind auslachen

Wenn man andere Kinder auslacht oder sich über sie lustig macht

1. In der Kita sind viele Kinder. Manche Kinder mögen sich gern und spielen viel zusammen, manche Kinder mögen sich nicht so gern. Dann spielen sie nicht so viel zusammen.

   In der Kita kann jedes Kind manche Dinge schon gut und andere Dinge noch nicht so gut.

2. Manchmal kann es passieren, dass ein Kind etwas sagt und ein anderes Kind es dafür auslacht, zum Beispiel im Morgenkreis.

   Das Kind, das ausgelacht wird, findet es nicht lustig. Es schämt sich vielleicht oder denkt, dass die anderen Kinder es dumm finden.

   In der Kita kann es passieren, dass ein Kind etwas sagt, über das ich mich lustig machen will. Dann ist es gut, wenn ich daran denke, dass das Kind sich sehr schlecht fühlt, wenn ich es auslache.

   Ich weiß, dass es ein sehr schlechtes Gefühl ist, wenn man ausgelacht wird. Ich weiß, dass das Kind sich vielleicht schämt, wenn es ausgelacht wird.

3. Ich kann daran denken, dass das Kind aus Versehen etwas gesagt hat, über das ich lachen möchte. Wenn ich daran denke, dass es dem Kind peinlich ist, kann ich es schaffen, nicht zu lachen.

   Ich kann mich daran erinnern, dass ich mich schäme, wenn ich ausgelacht werde.

   Ich weiß, dass es jedem Kind mal passieren kann, dass man etwas sagt, über das die anderen lachen wollen.

   Es ist schön, wenn man weiß, dass man Freunde und Freundinnen hat, die einen mögen und die einen nicht auslachen, auch wenn man etwas Lustiges gesagt hat.

Oft ist es – nicht nur für die Kinder – ein schmaler Grat, zwischen wohlgemeintem Mitlachen und unfreundlichem Auslachen zu unterscheiden. Achten Sie darauf, selbst ein Gespür dafür zu entwickeln, bis wohin ein Lachen wohlwollend gemeint ist und ab wann daraus Spott wird.

Etwas anderes wollen als ein befreundetes Kind (eigene Meinung sagen)

Wenn ein befreundetes Kind etwas möchte, was man selbst nicht möchte

1. Es ist schön, in der Kita viele Freunde und Freundinnen zu haben und mit vielen Kindern zu spielen. Manchmal möchten die Kinder das Gleiche, dann ist es leicht, zusammen zu spielen. Manchmal möchten Kinder verschiedene Dinge. Dann ist es nicht so leicht. Es kann passieren, dass ein Kind etwas möchte, was ein anderes Kind nicht möchte. Dann kann das Kind sagen: „Nein, ich möchte das nicht."

2. Manchmal ist es sehr schwer, zu sagen: „Ich möchte das nicht." Vielleicht habe ich Angst, dass ein anderes Kind mich nicht mehr mag, wenn ich zu ihm sage: „Ich möchte das nicht." Wenn ich sage: „Ich möchte das nicht", weiß das Kind, dass ich etwas nicht mag, was es mag.

   Meine Freunde und Freundinnen möchten, dass ich mich wohlfühle. Sie möchten nicht, dass ich etwas mache, was ich nicht mag, nur weil sie es möchten. Damit meine Freunde und Freundinnen wissen, was ich nicht möchte, ist es wichtig, dass ich ihnen das sage. Sie wissen es sonst nicht. Wenn meine Freunde und Freundinnen etwas nicht möchten, ist es wichtig, dass sie es mir sagen, weil ich es sonst nicht weiß. Das Kind wird mich trotzdem mögen, auch wenn ich etwas nicht möchte, was es gern mag.

3. Es ist gut, wenn ich mich daran erinnere. Dann kann ich es schaffen, zu dem Kind zu sagen: „Ich möchte das nicht."

   Ich kann daran denken, dass es mit mir befreundet bleiben wird, auch wenn ich zu ihm sage: „Ich möchte das nicht."

   Ich kann mich daran erinnern, dass das Kind nicht von allein weiß, was ich nicht möchte. Es möchte, dass ich ein gutes Gefühl habe.

   Ich kann dem Kind sagen, was ich nicht mag. Wir können trotzdem befreundet sein und Dinge zusammen machen, die wir beide gern mögen.

Unterstützen Sie die Kinder darin, Freundschaften zu schließen und zu pflegen. Machen Sie sie auf Gemeinsamkeiten aufmerksam und erforschen Sie mit den Kindern ebenfalls deren Unterschiede.

Jetzt nicht mit einem anderen Kind spielen wollen (eigene Grenzen setzen)

Wenn man ausdrücken will, dass man gerade nicht spielen möchte

1. In der Kita sind sehr viele Kinder zusammen. Manchmal hat man Lust, mit einem Kind zu spielen, und manchmal hat man Lust, etwas anderes zu machen. Manchmal möchte man auch etwas allein machen. Jedes Kind möchte manchmal mit einem anderen Kind zusammenspielen und manchmal nicht.

2. Wenn ich gerade nicht mit einem Kind spielen möchte, ist es gut, wenn ich das merke. Dann kann ich dem Kind sagen: „Ich möchte jetzt etwas allein spielen." Es ist gut, wenn ich zu dem Kind sage: „Ich möchte jetzt nicht spielen", weil es das Kind sonst nicht weiß.

   Vielleicht werde ich wütend, weil das andere Kind mich nicht in Ruhe lässt. Oder das andere Kind wird wütend. Es versteht nicht, dass ich nicht mit ihm spielen möchte.

   Wenn ich merke, dass ich nicht mit einem Kind spielen möchte, ist es wichtig, dass ich sage: „Ich möchte jetzt nicht spielen." Das Kind weiß dann, dass ich jetzt gerade nicht spielen möchte.

3. Wenn ich daran denke, dass das andere Kind eigentlich gern mit mir spielen möchte, kann ich mich daran erinnern, zu sagen: „Ich möchte gerade nicht spielen." So weiß das andere Kind, dass ich jetzt im Moment nicht spielen möchte.

   Ich kann daran denken, dass ich es dem Kind sagen muss, weil es sonst nicht weiß, dass ich nicht mit ihm spielen möchte.

   Ich freue mich, dass es in der Kita Kinder gibt, die meine Freunde und Freundinnen sind und gern mit mir spielen.

Schaffen Sie in der Kita kleine Räume/Ecken, in denen Kinder sich auch einmal allein zurückziehen können, wenn sie nicht mit anderen spielen wollen. Kommunizieren Sie allen Kindern, dass das Kind im „Ruhebereich" nicht gestört wird.

Ein befreundetes Kind möchte heute nicht spielen (Grenzen anderer Kinder akzeptieren)

Wenn man spielen will, aber das andere Kind nicht spielen möchte

1. Es ist schön, in der Kita viele Freunde und Freundinnen zu haben und miteinander zu spielen.

   Manchmal kann es sein, dass ein Kind spielen möchte und das andere Kind nicht mitspielen möchte. Jedes Kind will manchmal gern mit anderen Kindern spielen und manchmal nicht.

2. Wenn ein Kind gerade nicht mit mir spielen will, bedeutet es, dass es gerade keine Lust hat. Vielleicht möchte es in dem Moment allein sein. Vielleicht ist es mit etwas anderem beschäftigt. Das Kind ist trotzdem mit mir befreundet. Auch wenn es gerade nicht mit mir spielen möchte.

3. Wenn ich mit einem anderen Kind spielen möchte und das Kind möchte nicht mit mir spielen, ist es gut, wenn ich woanders hingehe. Ich kann mit einem anderen Kind spielen oder ich kann etwas ganz anderes machen.

   Es ist gut, wenn ich das Kind in Ruhe lasse. Sonst kann es leicht passieren, dass das Kind wütend wird.

   Ich kann mich daran erinnern, dass das Kind trotzdem mit mir befreundet ist. Auch wenn es gerade nicht mit mir spielen möchte.

   Es kann sein, dass das Kind später wieder mit mir spielen will. Darum ist es gut, wenn ich das Kind in Ruhe lasse, wenn es gerade nicht mit mir spielen will.

   Es ist schön, in der Kita Freunde und Freundinnen zu haben. Ich weiß, dass die anderen Kinder auch manchmal etwas allein machen können.

Leben Sie den Kindern vor, wie wichtig es ist, Grenzen zu setzen und diese möglichst klar und liebevoll anderen Personen gegenüber zu kommunizieren. Sagen Sie selbst auch einmal: „Nein, das möchte ich jetzt gerade nicht."

10 Zwischen Nachgeben und Bestimmen abwechseln

Wenn man sich beim Spielen abwechseln soll

1. In der Kita spielen viele Kinder gern zusammen mit anderen Kindern. Es ist schön, befreundet zu sein und miteinander zu spielen.

   Manchmal passiert es, dass ein Kind etwas spielen möchte und das andere Kind etwas anderes spielen möchte. Die Kinder haben dann unterschiedliche Ideen, was sie spielen möchten. Dann ist es schwer, sich zu einigen, was man spielen will.

2. Jedes Kind möchte, dass das Spiel gespielt wird, das seine Idee war.

   Dann ist es gut, wenn man sich abwechselt. Zuerst kann man das Spiel spielen, das das eine Kind, und danach das Spiel, das das andere Kind wollte. Einmal kann man nachgeben und das spielen, was das andere Kind will, und einmal kann das andere Kind nachgeben. Dann spielen wir das, was ich wollte. So ist jedes Kind zufrieden. Einmal spielen wir das, was ich möchte, einmal gebe ich nach und wir spielen das, was das andere Kind wollte.

   Es ist gut, wenn alle Kinder manchmal nachgeben. Es ist gerecht.

   Alle Kinder freuen sich, wenn das gespielt wird, was sie gern wollten. Darum ist es gut, wenn jedes Kind manchmal nachgibt.

   Ich freue mich, wenn wir meine Idee spielen. Das andere Kind freut sich, wenn wir seine Idee spielen.

3. Damit Kinder befreundet bleiben, ist es gut, wenn sie abwechseln können.

   Wenn ich mit einem Kind spiele, ist es gut, wenn ich daran denke, dass wir manchmal meine Idee spielen können und manchmal die Idee des anderen Kindes.

   Ich kann mich daran erinnern, dass mein Freund oder meine Freundin gern mit mir spielt, wenn ich auch ab und zu nachgeben kann.

   Es ist schön, in der Kita Freunde und Freundinnen zu haben, mit denen ich spielen kann und die gern mit mir spielen.

Das „Sich-Behaupten" und das „Nachgeben" sind normale, entwicklungsbedingte Lernfelder. Lassen Sie den Kindern Zeit, sich zu erproben.

Mit einem Kind Kontakt aufnehmen, ohne es zu schubsen oder zu schlagen

Wenn man sich freundlich einem anderen Kind annähern möchte

1. Viele Kinder spielen gern mit anderen Kindern. Wenn man ein anderes Kind gern mag, ist es schön, mit ihm zu spielen. Das Kind ist dann mit einem befreundet. Viele Kinder haben gern Freunde und Freundinnen.

   Manchmal weiß man nicht genau, wie man dem anderen Kind sagen soll, dass man mit ihm spielen möchte. Dann kann es passieren, dass man ein anderes Kind anfasst oder schubst, weil man mit ihm spielen möchte.

   Das andere Kind weiß nicht, dass man mit ihm spielen möchte, wenn man es schubst. Es denkt, dass man es mit Absicht ärgert.

2. Wenn man mit einem Kind spielen möchte, ist es am besten, wenn man zu dem Kind sagt: „Spielen wir zusammen?“ Wenn das andere Kind dann Ja sagt, können die Kinder zusammenspielen.

   Wenn man nicht fragen will: „Spielen wir zusammen?“, kann man dem Kind auch ein Spielzeug zeigen. Vielleicht möchte das Kind dann mitspielen.

3. Wenn ich mit einem Kind spielen möchte, ist es gut, wenn ich das Kind frage: „Spielen wir zusammen?“ Das Kind freut sich wahrscheinlich, wenn ich es frage, ob wir zusammen spielen wollen.

   Wenn das Kind dann Ja sagt oder mit mir mitkommt, können wir zusammenspielen.

   Wenn ich mich nicht traue, das andere Kind zu fragen, ob es mit mir spielen möchte, kann ich daran denken, dass das andere Kind sich freut, wenn ich frage. Ich kann mich daran erinnern, dass das andere Kind nicht weiß, dass ich mit ihm spielen will, wenn ich es nicht frage.

   Wenn ich mich daran erinnere, kann ich es schaffen, das Kind zu fragen: „Spielen wir zusammen?“, damit es weiß, dass ich freundlich bin und dass ich mit ihm spielen möchte.

Kleinere Kinder tun sich häufig noch schwer, in angemessener Weise Kontakt aufzunehmen. Begleiten Sie diesen Lernprozess möglichst, ohne dem Kind Vorwürfe zu machen.

Ein Spielzeug abgeben können

Wenn man ein Spielzeug hat, das ein anderes Kind auch haben möchte

1. In der Kita gibt es viele Spielsachen. Manche Spielsachen sind so großartig, dass viele Kinder gern mit ihnen spielen. Weil viele Kinder in der Kita-Gruppe sind, kann es sein, dass viele Kinder gleichzeitig mit demselben Spielzeug spielen möchten.

2. Manchmal passiert es, dass ein Kind eine Weile mit einem Spielzeug spielt und ein anderes Kind wartet, weil es auch gern mit dem Spielzeug spielen möchte. Es wartet einen Augenblick.

   Weil es in der Kita viele Kinder gibt, ist es so, dass jedes Kind manchmal warten muss.

   Es kann sein, dass ich gerade mit einem Spielzeug spiele und ein anderes Kind wartet. Ich weiß, dass das andere Kind auch damit spielen möchte. Ich weiß, dass es langweilig ist, zu warten, bis man ein Spielzeug bekommt. Manchmal ist man ungeduldig und es ist schwer, lange zu warten.

3. Wenn ich schon eine Weile mit dem Spielzeug gespielt habe, ist es darum gut, wenn ich es abgebe. Das andere Kind wird sich freuen, dass es jetzt mit dem Spielzeug spielen darf. Es wird sich freuen, dass ich es abgegeben habe.

   Ich kann daran denken, dass das andere Kind sich sehr freut, dass ich das Spielzeug abgegeben habe.

   Ich kann mich daran erinnern, dass es sehr anstrengend ist, lange zu warten.

   Es ist schön, in der Kita Freunde und Freundinnen zu haben. Man kann sich abwechseln, damit jedes Kind auch mal drankommt.

Legen Sie in der Kita auch mal bewusst Spielpausen durch spielzeugfreie Zeiten ein. Diese können einen festen Platz im Kita-Jahreskalender bekommen. Ziel ist die Überwindung von Frustration, ohne dass sich die Kinder mit einem Spielzeug bzw. Konsumgut ablenken.

13 Auf ein Spielzeug warten können

Wenn man warten muss, bis man ein Spielzeug bekommt

1. In der Kita gibt es viele Spielsachen. Manche Spielsachen sind so großartig, dass viele Kinder gern mit ihnen spielen. Weil viele Kinder in der Kita-Gruppe sind, kann es sein, dass viele Kinder gleichzeitig mit demselben Spielzeug spielen möchten.

   Dann muss ein Kind warten, bis das andere Kind mit dem Spielzeug fertig gespielt hat.

2. Manchmal passiert es, dass ein Kind mit einem Spielzeug spielen möchte, mit dem gerade ein anderes Kind spielt. Es kann sein, dass das Kind dann ungeduldig wird.

   Manchmal passiert es, dass ich wütend werde, wenn ich das Spielzeug nicht bekomme.

   Das Kind, das gerade mit dem Spielzeug spielt, ärgert sich, wenn ich ihm das Spielzeug wegnehmen möchte. Es kann sein, dass es dann Streit gibt oder dass wir uns gegenseitig wehtun.

3. Wenn ich mit einem Spielzeug spielen möchte, das gerade ein anderes Kind hat, kann ich daran denken, dass ich warten muss.

   Wenn ich es sehr schwer finde, zu warten, kann ich zu der Erzieherin gehen und sagen: „Ich möchte auch damit spielen." Die Erzieherin passt dann auf, dass das andere Kind das Spielzeug rechtzeitig abgibt.

   Ich erinnere mich daran, dass es gut ist, wenn ich warte, bis ich dran bin.

   Ich kann daran denken, dass alle Kinder manchmal warten müssen, bis sie mit einem Spielzeug drankommen.

   Es ist gut, wenn ich zu einer Erzieherin gehe und sage: „Ich möchte auch damit spielen."

   Sie kann dann aufpassen, dass das andere Kind das Spielzeug rechtzeitig abgibt.

Ein visueller Timer kann helfen, dem wartenden Kind die Wartezeit sichtbar zu machen. Bitte verwenden Sie keine Sanduhr, da das Vergehen der Zeit hier nur sehr ungenau zu erkennen ist.

14 Lernen, mit Planänderungen zurechtzukommen

Wenn man es schwierig findet, dass etwas anders kommt, als es geplant war

1. In der Kita werden manchmal besondere Sachen gemacht.

   Wenn ein Ausflug geplant ist, freuen sich die meisten Kinder darauf.

2. Manchmal passiert es, dass eine Erzieherin krank wird. Sie kann dann nicht in die Kita kommen, weil sie krank ist und im Bett bleiben muss. Wenn die Erzieherin nicht da ist, kann es sein, dass der Ausflug ausfallen muss. Wahrscheinlich sind zu wenige Erzieherinnen da, um auf alle Kinder aufzupassen.

   Es kann auch sein, dass man für einen Ausflug schönes Wetter braucht. Wenn es dann an dem Tag regnet, kann der Ausflug vielleicht nicht stattfinden. Viele Kinder mögen es nicht, wenn Sachen anders sind, als man dachte. Man möchte gern, dass die Dinge so sind, wie man sie erwartet.

   Man weiß vorher nicht, ob eine Erzieherin krank wird. Man weiß nicht, ob das Wetter schlecht wird. Es kann einfach passieren.

3. Wenn ich mich darüber ärgere, dass etwas anders ist, als es geplant war, kann ich mich daran erinnern, dass es keine Person in der Kita vorher wusste.

   Es ist gut, wenn ich mich daran erinnere, dass das manchmal so ist. Niemand kann etwas dafür.

   Ich kann überlegen, ob es etwas anderes gibt, das ich jetzt gern machen möchte.

   Ich kann daran denken, dass es viele schöne Dinge in der Kita gibt, die ich stattdessen machen kann.

Möglichst früh informieren! Klären Sie die Kinder frühzeitig auf, dass es eine unplanmäßige Veränderung gibt. Machen Sie für die Kinder nachvollziehbar, warum das so ist. So haben sie Gelegenheit, sich darauf vorzubereiten, und werden nicht davon „überrumpelt".

Sich im Morgenkreis falsch herum auf den Stuhl setzen und dadurch stören

Wenn man sich verkehrt herum hinsetzt und so den Ablauf verzögert

1. Im Morgenkreis sitzen alle Kinder auf ihrem Stuhl im Kreis, sodass sie sich anschauen können.

   Manchmal setzt sich ein Kind verkehrt herum auf den Stuhl. Dann lachen die anderen Kinder. Sie finden es lustig, dass das Kind verkehrt herum auf seinem Stuhl sitzt.

2. Die Erzieherin ärgert sich wahrscheinlich, weil sie dem Kind sagen muss, dass es sich richtig herum hinsetzen soll, obwohl das Kind das eigentlich weiß.

   Die anderen Kinder müssen dann warten, bis das Kind sich richtig herum hingesetzt hat. Sie müssen warten, bis es mit dem Morgenkreis losgehen kann. Irgendwann finden es die anderen Kinder langweilig, dass sie warten müssen.

3. Wenn ich mich falsch herum auf den Stuhl setzen will, kann ich mich daran erinnern, dass die Erzieherin mit dem Morgenkreis beginnen möchte und dass das nur geht, wenn ich richtig sitze.

   Ich kann daran denken, dass wir ein Spiel spielen werden, sobald alle Kinder sich hingesetzt haben. Ich weiß, dass sich viele Kinder auf den Morgenkreis freuen.

   Die anderen Kinder finden es gut, wenn ich mich direkt richtig herum hinsetze. Wir können dann gleich mit dem Morgenkreis beginnen.

   Die anderen Kinder mögen mich. Es ist schön, in der Kita Freunde und Freundinnen zu haben, mit denen ich spielen kann.

   Wenn ich mich daran erinnere, kann ich es schaffen, mich im Morgenkreis direkt richtig herum hinzusetzen.

Wenn das Problem bei Ihnen etwas anders gelagert ist, scheuen Sie sich nicht, die Soziale Anleitung umzuformulieren, sodass sie möglichst gut auf Ihre Situation passt. Falls Sie beispielsweise im Morgenkreis singen und nicht spielen, ändern Sie dies entsprechend ab.

16 Im Morgenkreis beim Namenvorlesen stören

Wenn man beim Namenvorlesen „Nein!" sagt und so den Ablauf verzögert

1. Im Morgenkreis liest die Erzieherin zuerst alle Namen vor. Jedes Kind sagt „Ja!", wenn es mit seinem Namen aufgerufen wird. Die Erzieherin kreuzt dann jedes Kind in ihrer Liste ab. Das macht sie, damit sie später noch weiß, welche Kinder da waren und welche nicht.

2. Manche Kinder sagen „Nein!", wenn sie aufgerufen werden. Dann lachen die anderen Kinder. Sie finden es lustig, wenn ein Kind „Nein!" sagt, obwohl es eigentlich „Ja!" sagen sollte.

   Die Erzieherin lacht nicht. Sie ärgert sich wahrscheinlich, weil sie das Namenvorlesen eigentlich schnell fertig haben möchte. Sie möchte dann mit dem Morgenkreis beginnen.

   Wenn ein Kind „Nein!" sagt, dauert es länger, bis wir mit dem Morgenkreis anfangen können.

   Die anderen Kinder finden es bald langweilig, wenn ein Kind „Nein!" sagt. Die Erzieherin wird ärgerlich. Sie möchte, dass alle Kinder mitmachen und „Ja!" sagen, wenn sie beim Namenvorlesen aufgerufen werden.

3. Wenn ich das Namenvorlesen langweilig finde und „Nein!" sagen möchte, kann ich mich daran erinnern, dass es gut ist, wenn ich „Ja!" sage. Ich kann daran denken, dass wir schnell mit dem Namenvorlesen fertig sind, wenn ich „Ja!" sage.

   Ich weiß, dass wir dann schnell anfangen und ein Spiel spielen können.

   Ich kann daran denken, dass die anderen Kinder es gut finden, wenn ich beim Namenvorlesen „Ja!" sage, weil wir dann schnell mit dem Morgenkreis anfangen können.

   Wenn ich daran denke, kann ich es schaffen, beim Namenvorlesen „Ja!" zu sagen, auch wenn ich es langweilig finde.

Mitmachen statt stören! Beziehen Sie das störende Kind mit ein und bitten Sie es, die Namen der Kinder, die im Morgenkreis dabei sind, mitzuzählen.

17 Im Morgenkreis immer zuerst drankommen wollen

Wenn man gern als Erstes drankommen möchte

1. In der Kita sind sehr viele Kinder in einer Gruppe.

   Manchmal ist es so, dass mehrere Kinder im Morgenkreis sehr gern drankommen möchten. Viele Kinder freuen sich, wenn sie als Erstes drankommen.

2. Es kann aber bei jedem Spiel immer nur ein Kind als Erstes drankommen. Wenn das Spiel noch einmal gespielt wird, fängt dann ein anderes Kind an.

   Wenn das nächste Spiel gespielt wird, kann es sein, dass das Kind wieder als Erstes drankommen möchte.

   Die Erzieherin wechselt ab. Mal nimmt sie das eine Kind dran, mal ein anderes Kind.

   Dadurch kommen alle Kinder mal dran und es müssen auch alle Kinder mal warten.

   Das ist gerecht, weil immer wieder ein Kind drankommt und ein anderes Kind warten muss.

   Die Erzieherin passt auf, dass es möglichst gerecht ist.

3. Wenn ich sehr gern als Erstes drankommen möchte, kann ich mich daran erinnern, dass andere Kinder auch drankommen wollen.

   Ich kann daran denken, dass es viele Kinder schön finden, wenn sie als Erstes drankommen.

   Ich kann mich daran erinnern, dass immer wieder unterschiedliche Kinder drankommen, damit es gerecht ist.

   Wenn ich mich daran erinnere, kann ich es aushalten, dass ich dieses Mal nicht als Erstes drangekommen bin.

Machen Sie sich Notizen und schreiben Sie sich auf, welches Kind an welchem Tag als Erstes das Spiel im Morgenkreis angefangen hat. Das kann auch an einem Memoboard im Kita-Raum für alle sichtbar gemacht werden. So gehen Sie sicher, dass kein Kind vergessen wird und dass jeden Tag ein anderes Kind anfangen darf.

18 Im Kreis sitzen und genügend Abstand halten

Wenn andere Kinder zu nah sitzen und das stört

1. Manchmal sitzen viele Kinder zusammen im Kreis. Manche Kinder sitzen dann gern nah bei den anderen. Sie tun das, weil sie das andere Kind mögen.

   Manche Kinder mögen lieber etwas mehr Abstand. Sie mögen es nicht, wenn jemand sehr nah neben ihnen sitzt.

2. Wenn wir im Kreis sitzen, kann es sein, dass ein Kind sehr nah neben mir sitzt. Das tut es wahrscheinlich, weil es mich mag.

   Es kann sein, dass mir das unangenehm ist.

   Das andere Kind merkt wahrscheinlich nicht, dass es mir zu nah ist. Es weiß nicht, dass ich lieber etwas Abstand mag.

3. Wenn ich es nicht mag, dass ein Kind sehr nah neben mir sitzt, kann ich etwas von dem Kind wegrutschen.

   Oder ich kann zu dem Kind sagen: „Rutsch bitte ein bisschen." Das andere Kind wird dann wahrscheinlich etwas zur Seite rutschen.

   Wenn das nicht klappt, kann ich zu der Erzieherin sagen: „Das ist mir zu nah." Die Erzieherin weiß dann, was zu tun ist.

   Wenn ein Kind sehr nah neben mir sitzt, kann ich mich daran erinnern, dass das andere Kind wahrscheinlich freundlich zu mir sein will.

   Ich kann daran denken, dass das andere Kind nicht von allein weiß, dass es mir zu nah ist.

   Wenn ich daran denke, kann ich ein bisschen von dem Kind wegrutschen oder ich kann der Erzieherin sagen: „Das ist mir zu nah".

Finden Sie mit den Kindern heraus, wie viel Abstand für jedes Kind gut ist. Mit den eigenen Körperteilen können die Längen gemessen werden, zum Beispiel mit der Hand oder dem Arm. Wie viele Armlängen soll der Abstand zum Nachbarkind betragen? Wann fühlt es sich gut an?

19 Sich in einer Reihe aufstellen und vorn stehen wollen

Wenn man immer ganz vorn stehen will und dabei drängelt

1. Manchmal stellen sich alle Kinder hintereinander an, zum Beispiel wenn sie in den Garten gehen. So weiß die Erzieherin, dass alle Kinder da sind.

   Es kann immer nur ein Kind vorn sein, die anderen stellen sich dahinter an.

   Das Kind, das ganz vorn steht, ist nicht besser als die Kinder, die weiter hinten stehen. Es bedeutet nichts, ob man vorn oder hinten steht.

2. Weil viele Kinder gern vorn stehen, ist es gut, sich abzuwechseln. So kann sich jedes Kind einmal freuen, dass es vorn steht, und jedes Kind kann ein andermal weiter hinten stehen.

   Wenn ich weiter hinten stehe, kann es sein, dass ich mich ärgere. Vielleicht ist es mir auch zu eng, wenn ich in der Reihe weiter hinten stehe.

3. Ich kann mich daran erinnern, dass ich ein anderes Mal wieder vorn stehen werde. Das Kind, das heute vorn ist, wird sich jetzt wahrscheinlich freuen.

   Wenn ich rennen will, damit ich ganz vorn stehe, kann ich mich daran erinnern, dass es wichtig ist, nicht zu drängeln. Kein Kind soll verletzt werden. Kein Kind soll sich ärgern, weil gedrängelt wird.

   Wenn ich mich daran erinnere, kann ich es schaffen, mich anzustellen, ohne zu drängeln oder die anderen Kinder zu schubsen.

   Die Erzieherin wird sich freuen, dass wir uns ruhig aufstellen und wir dann in das Außengelände gehen können.

Wenn es einem Kind besonders schwerfällt, ernennen Sie dieses Kind zum*zur „Ordner*in“. Es kann dafür sorgen, dass sich die Kinder ruhig aufstellen. Seinen Platz in der Reihe legen Sie am besten schon vorher fest.

20 Sich-in-einer-Reihe-Aufstellen als Mittel zum Zweck verstehen

Wenn man denkt, man wäre besser, weil man vorn steht

1. Manchmal muss man sich in 2er-Reihen aufstellen, zum Beispiel wenn man einen Ausflug macht.

   Das ist wichtig, damit die Erzieherin sehen kann, ob alle Kinder da sind.

2. Manche Kinder möchten gern ganz vorn stehen und rennen oder drängeln. Es kann dann passieren, dass sie die anderen Kinder dabei schubsen. Dann kann es sein, dass ein Kind hinfällt oder sich wehtut.

   Die Kinder, die vorn stehen, sind nicht besser als die Kinder weiter hinten.

   Die Kinder, die vorn stehen, müssen warten, bis alle sich angestellt haben. Sie müssen Geduld haben und ruhig warten.

3. Wenn ich losrennen will, um vorn zu stehen, kann ich mich daran erinnern, dass es nicht besser ist, vorn zu stehen.

   Ich kann mich daran erinnern, dass wir uns nur aufstellen, um dann den Ausflug zu machen.

   Wenn ich ganz vorn stehe, muss ich warten, bis alle sich aufgestellt haben.

   Das Aufstellen in der Reihe ist nicht so wichtig. Wir tun es nur, um irgendwo hinzugehen und damit die Erzieherin sehen kann, ob alle da sind.

   Ich kann daran denken, dass es gut ist, sich ruhig aufzustellen und nicht zu drängeln.

   Wenn ich mich daran erinnere, kann ich es aushalten, nächstes Mal vielleicht weiter hinten zu stehen.

Probieren Sie, den Kindern eine feste Reihenfolge beim Aufstellen vorzugeben. Also immer dieselben Kinder finden sich zu zweit zusammen und auch die Folge in der Reihe ist von Ihnen vorgegeben. Das kann helfen, den Kindern eine schnelle Orientierung zu geben und unnötige Diskussionen und Drängeleien zu vermeiden.

21 Nur Dinge in der Lieblingsfarbe akzeptieren

Wenn man denkt, dass alles in der Lieblingsfarbe sein muss

1. Manche Menschen haben eine Lieblingsfarbe. Es ist schön, mit dieser Farbe zu malen und Dinge in diesen Farben zu haben.

   Manchmal sind die Farben nicht so wichtig.

2. Wenn die Erzieherin in der Bewegungsstunde bunte Tücher verteilt, kann es sein, dass ich das Tuch in meiner Lieblingsfarbe haben möchte. Es kann sein, dass ich das nicht bekomme.

   Wenn jedes Kind eine bestimmte Farbe haben will, dauert es sehr lange, bis alle Tücher verteilt sind.

   Bestimmt hat die Erzieherin sich lustige Sachen mit den Tüchern überlegt.

   Damit wir die machen können, ist es gut, wenn ich einfach das Tuch nehme, das ich bekomme.

3. Ich kann mich daran erinnern, dass bei manchen Sachen die Farben nicht so wichtig sind.

   Wenn mir die Farbe doch einmal sehr wichtig ist, kann ich es der Erzieherin sagen.

   Ich kann mich daran erinnern, dass es schön ist, in der Kita Spaß mit den anderen Kindern zu haben.

   Wenn ich mich daran erinnere, kann ich es aushalten, dass ich diesmal nicht das Tuch in meiner Lieblingsfarbe habe.

Diese Anleitung können Sie immer dann nutzen, wenn es um Farben geht. Wenn ein Kind beispielsweise bei einem Spiel nur den Spielstein in einer bestimmten Farbe möchte und es darum zum Konflikt kommt, setzen Sie an der Stelle der bunten Tücher das entsprechende Spiel und die farbigen Spielsteine ein. Erwähnen Sie dabei, dass die Spielsteine nur deshalb eine unterschiedliche Farbe haben, damit man sie unterscheiden kann.

Aushalten, wenn ein anderes Kind ausgeschimpft wird

Wenn man emotional betroffen ist, weil ein anderes Kind ausgeschimpft wird

1. In der Kita finden es manche Kinder schwierig, das zu tun, was die Erzieherin sagt. Zum Beispiel kann es sein, dass die Erzieherin sagt, alle Kinder sollen still sein und zuhören.

   Manche Kinder finden es noch schwer, still zu sein und zuzuhören. Die Erzieherin will aber manchmal, dass alle Kinder still sind und zuhören.

2. Wenn die Kinder es nicht schaffen, zuzuhören, kann es sein, dass die Erzieherin es sehr laut sagt. Die Erzieherin ärgert sich darüber, dass die Kinder nicht still sind. Wenn die Kinder trotzdem nicht zuhören, kann es sein, dass die Erzieherin mit den Kindern schimpft.

   Die Kinder, die schon still sind und zuhören, finden es nicht schön, dass die Erzieherin schimpft.

   Eigentlich wäre es besser, wenn die Erzieherin nicht schimpfen müsste und alle Kinder direkt still sind.

3. Wenn die Erzieherin mit Kindern schimpft, kann ich daran denken, dass sie das tut, weil die Kinder nicht still sind, obwohl die Erzieherin das sagt.

   Ich kann daran denken, dass die Erzieherin die Kinder trotzdem gern mag. Sie ärgert sich nur darüber, dass sie nicht still sind.

   Ich kann daran denken, dass das Schimpfen meistens nicht lange dauert.

   Wenn es mir sehr unangenehm ist, kann ich mir die Ohren zuhalten.

   Wenn ich mich daran erinnere, kann ich es aushalten, dass die Erzieherin mit den Kindern schimpft.

   Ich weiß, dass es nicht lange dauert und dass die Erzieherin die Kinder trotzdem gern mag.

Besonders sensible Kinder halten es oft nur schwer aus, wenn mit einem anderen Kind geschimpft wird, vor allem, wenn sie selbst dieses Kind gern mögen. Machen Sie unbedingt deutlich, dass Sie das Kind auch mögen und dass nur dessen Verhalten nicht akzeptabel ist.

23 Lügen aus Angst vor Schimpfen

Wenn man Sorge hat, Fehler zuzugeben, und deshalb lügt

1. In der Kita passiert es manchmal, dass man etwas macht, was man eigentlich nicht soll. Manchmal denkt man in dem Moment nicht daran, dass man das nicht machen sollte.

   Wenn eine Erzieherin dann später fragt: „Warst du das?“, kann es sein, dass ich in dem Moment erst merke, dass es verboten war. Es kann sein, dass es mir peinlich ist. Es ist unangenehm, wenn jemand merkt, dass man etwas Falsches gemacht hat. Manchmal schämt man sich dann.

2. Es kann sein, dass ich sage: „Nein, ich war das nicht“. Das sagt man, weil man es peinlich findet, dass es die Erzieherin gemerkt hat.

   Wahrscheinlich hat man Angst, dass die Erzieherin schimpft. Oder man hat Angst, dass die Erzieherin einen nicht mehr mag.

3. Die Erzieherin weiß, dass es unangenehm ist, die Wahrheit zu sagen. Sie versteht, dass man lieber nicht die Wahrheit sagen würde.

   Die Erzieherin kennt viele Wege, was man machen kann, wenn man etwas Falsches gemacht hat.

   Vielleicht kann ich es wiedergutmachen oder ich kann mich entschuldigen.

   Ich kann daran denken, dass nichts Schlimmes passieren wird, wenn ich die Wahrheit sage.

   Ich weiß, dass die Erzieherin mich trotzdem gern mag, auch wenn ich etwas Falsches getan habe.

   Wenn ich mich daran erinnere, kann ich es schaffen, der Erzieherin die Wahrheit zu sagen.

Kommunizieren Sie klar und eindeutig, welche Grenzen es gibt. Versuchen Sie, dabei ruhig und sachlich zu bleiben, und finden Sie eine Möglichkeit für das Kind, den Fehler wiedergutzumachen. Gehen Sie auch mit Ihren eigenen Fehlern offen um.

Akzeptieren, dass man eine Pause braucht

Wenn man eine Pause machen soll, weil die Erzieherin es sagt

1. In der Kita ist es oft anstrengend. Manchmal ist es laut, weil viele Kinder durcheinanderreden und lachen.

   Es ist schön, dass es in der Kita viele Kinder gibt. Man kann spielen und viele ganz unterschiedliche Dinge machen.

2. Manchmal ist es anstrengend, auch wenn es Spaß macht. Dann kann es sein, dass man eine Pause braucht. Jeder Mensch braucht Pausen. Es ist verschieden, wann jemand eine Pause braucht.

   In der Pause kann man sich ausruhen und erholen. Danach kann man wieder weiterspielen.

   Manchmal merkt man selbst nicht, dass man eine Pause braucht. Besonders wenn man gerade beschäftigt ist. Wenn man keine Pause macht, obwohl man eine Pause braucht, kann es passieren, dass man plötzlich wütend wird.

3. Wenn die Erzieherin sagt, dass ich eine Pause machen soll, hat sie wahrscheinlich gemerkt, dass ich eine Pause brauche. Sie hat es gemerkt, obwohl ich es selbst noch nicht gemerkt habe.

   Die Erzieherin weiß gut, wann ein Kind eine Pause braucht.

   Wenn ich eine Pause mache, bin ich danach wieder gut gelaunt.

   Ich kann wieder die Dinge tun, die ich gern mache.

   Wenn die Erzieherin sagt, ich soll eine Pause machen, kann ich mich daran erinnern, dass sie wahrscheinlich gemerkt hat, dass ich eine Pause brauche.

   Ich kann daran denken, dass ich nach der Pause wieder gut gelaunt bin und das machen kann, was ich gern mache.

Viele Kinder merken selbst nicht rechtzeitig, dass sie eine kleine Pause benötigen. Helfen Sie den Kindern, indem Sie Pausen aktiv einplanen, beispielsweise in der Lese- oder Kuschelecke.

25 Beim Begrüßen „Hallo!“ sagen

Wenn man es schwierig findet, sich an Konventionen zu halten

1. Wenn die Kinder morgens in die Kita kommen, gehen sie zur Erzieherin und sagen: „Hallo!“ Die Erzieherin sagt dann auch: „Hallo!“ So kann man sich gegenseitig zeigen, dass man die andere Person bemerkt hat.

   Es ist freundlich, „Hallo!“ zu sagen.

   Wenn man „Hallo!“ sagt, weiß die andere Person, dass man nichts Böses vorhat und dass man freundlich ist.

   Wenn beide „Hallo!“ gesagt haben, kann man noch weiterreden oder beide machen dann etwas anderes.

2. Es kann sein, dass es mir unangenehm ist, „Hallo!“ zu sagen. Vielleicht ist es mir unangenehm, dass die andere Person mich dabei anschaut.

   Viele Kinder finden es am Anfang nicht leicht, „Hallo!“ zu sagen.

   Wenn die Erzieherin zu mir „Hallo!“ sagt, heißt das, sie hat gemerkt, dass ich da bin, und sie freut sich, mich zu sehen.

3. Ich kann daran denken, dass man nur „Hallo“ sagt, damit die andere Person weiß, dass man da ist und dass man freundlich ist.

   Ich kann mich daran erinnern, dass ich zur Erzieherin „Hallo!“ sage, damit sie weiß, dass ich da bin.

   Ich kann daran denken, dass ich etwas spielen kann, wenn ich „Hallo!“ gesagt habe. Es dauert nicht lange, „Hallo!“ zu sagen.

   Wenn ich daran denke, kann ich es leicht schaffen, morgens zur Erzieherin zu gehen und „Hallo!“ zu sagen.

Wenn es bei Ihnen ein anderes Begrüßungsritual gibt, ändern Sie die Soziale Anleitung entsprechend und ersetzen Sie das „Hallo!“. Falls die Kinder bei Ihnen das Begrüßungsritual wählen können, ersetzen Sie das „Hallo!“ durch „sich begrüßen“. Also: „Wenn die Kinder morgens in die Kita kommen, gehen sie zur Erzieherin und begrüßen sie“ usw.

26 Lernen, sich zu verabschieden

Wenn man es schwierig findet, sich von der Bezugsperson zu verabschieden

1. Wenn Kinder neu in die Kita kommen, sind sie häufig noch jung. Bisher waren sie wahrscheinlich die meiste Zeit mit Mama oder Papa zusammen.

   Wenn man sich morgens verabschiedet, heißt das, dass Mama oder Papa jetzt zu ihrer Arbeit gehen und man selbst in der Kita bleibt. Wenn sie mit der Arbeit fertig sind, holen sie einen wieder ab.

2. Wenn man neu in der Kita ist, kennt man sich noch nicht so gut aus. Man kennt die anderen Kinder noch nicht so gut und die Spielsachen auch nicht. Darum finden die meisten Kinder es am Anfang schwer, sich von Mama oder Papa zu verabschieden.

   Die Erzieherinnen wissen das. Auch die anderen Kinder wissen das. Sie erinnern sich wahrscheinlich noch daran, wie es war, als sie selbst neu in die Kita gekommen sind.

   Wenn man sich schon oft von Mama oder Papa verabschiedet hat, wird es immer einfacher.

3. Viele Kinder überlegen sich gleich, was sie machen möchten, wenn sie sich von Mama oder Papa verabschiedet haben.

   Wenn ich mir überlege, was ich morgens als Erstes machen möchte, ist es wahrscheinlich einfacher, mich von Mama oder Papa zu verabschieden.

   Wenn ich es sehr schwer finde, mich von Mama oder Papa zu verabschieden, kann ich mich daran erinnern, dass auch andere Kinder das schwer finden.

   Ich kann daran denken, dass es immer einfacher wird, wenn man es oft gemacht hat, und dass man es immer besser lernt.

Wenn das Kind immer von ein und demselben Elternteil oder von einer anderen Bezugsperson in die Kita gebracht wird, passen Sie das bitte in der Anleitung an und schreiben Sie sie um. Genauso auch, wenn der Elternteil bzw. die Bezugsperson nicht zur Arbeit geht, sondern beispielsweise nach Hause, um kleinere Geschwister zu betreuen.

27 Sich anschauen, wenn man jemanden trifft

Wenn man es schwierig findet, mit gängigen Konventionen umzugehen

1. Wenn Menschen sich begegnen, sagen sie meistens „Hallo!". Die meisten Menschen schauen sich dabei kurz in die Augen und lächeln. Das bedeutet, dass sie freundlich sind.

   Man kann die Menschen dann auch kurz anschauen und auch Hallo-Sagen.

2. Manche Kinder finden es unangenehm, wenn sie jemand beim „Hallo!" sagen anschaut.

   Manchmal passiert es, dass man etwas länger angeschaut wird. Wahrscheinlich macht die Person das einfach so und denkt nicht darüber nach.

   Wenn mich jemand anschaut, kann es sein, dass ich das nicht mag.

   Wenn mich jemand etwas länger anschaut, kann es sein, dass mir das sehr unangenehm ist.

   Vermutlich weiß die erwachsene Person oder das Kind nicht, dass ich das nicht mag.

3. Wenn es mir sehr unangenehm ist, kann ich den Kopf zur Seite drehen. Oder ich kann auf den Boden schauen.

   Ich kann daran denken, dass die andere Person freundlich sein will.

   Wenn ich mich daran erinnere, kann ich es aushalten, dass mich jemand anschaut.

Seien Sie ein gutes Vorbild und schauen Sie einem Kind direkt in die Augen, wenn Sie mit ihm sprechen. Blickkontakt ist wichtig für die sozial-emotionale und sprachliche Entwicklung von Kindern. Wenn ein Kind das nicht gern mag, halten Sie den Blickkontakt jedoch sehr kurz!

28 Das Durcheinanderlaufen vieler Kinder aushalten können

Wenn man es schwierig findet, sich in großem Durcheinander zu bewegen

1. In der Kita sind viele Kinder zusammen. Darum ist es manchmal so, dass viele Kinder durcheinanderlaufen, zum Beispiel in den Garten.

   Wenn viele Autos auf der Straße fahren, wissen sie genau, wie sie fahren müssen, damit sie nicht zusammenstoßen.

   Wenn viele Menschen zusammen sind, wissen sie nicht immer genau, wie sie laufen sollen. Es gibt keine richtigen Regeln, wie man aneinander vorbeiläuft.

2. Manchmal passiert es, dass ein Kind ein anderes Kind aus Versehen berührt oder anstößt. Vielleicht hat das Kind nicht bemerkt, dass es jemanden angestoßen hat.

   Manchmal läuft ein Kind auch genau vor einem anderen Kind über den Weg. Das passiert, weil so viele Menschen zusammen sind.

3. Das Kind läuft nicht mit Absicht genau vor dem Kind über den Weg. Es möchte das andere Kind nicht mit Absicht ärgern.

   Wenn es mir unangenehm ist, dass viele Kinder durcheinanderlaufen, kann ich mich daran erinnern, dass die Kinder mich nicht mit Absicht ärgern wollen.

   Ich kann woanders hingehen, wo nicht so viele Kinder sind. Oder ich schaue in eine andere Richtung. Ich kann auch auf den Boden schauen, wenn es mir unangenehm ist.

   Wenn ich merke, dass ich mich ärgere, kann ich der Erzieherin sagen: „Es ist mir zu wild.“ Sie weiß dann, was man machen kann.

   Es ist gut, wenn ich mich daran erinnere, dass die Kinder mich nicht mit Absicht ärgern wollen.

Wenn es keinen Garten in Ihrer Kita gibt, ersetzen Sie das Beispiel durch einen Ort in der Kita, wo es häufig zu einem großen Durcheinander kommt.

29 Ungestümes Spiel aushalten können

Wenn man es schwierig findet, dass andere Kinder sehr wild spielen

1. Manchmal sind viele Kinder zusammen, zum Beispiel im Garten oder im Bewegungsraum. Es kann sein, dass die Kinder dann sehr schnell rennen. Sie spielen vielleicht ein wildes Spiel. Oder es macht ihnen Spaß, einfach schnell zu rennen und zu toben.

   Manche Kinder passen dann nicht so gut auf, wohin sie rennen. Sie rennen einfach drauflos, weil das ihr Spiel ist.

   Manchmal passiert es, dass ein Kind sehr nah an einem anderen Kind vorbeirennt oder es anstößt.

   Manchmal merken die Kinder nicht, dass sie ein anderes Kind angestoßen haben.

2. Wenn ein Kind ein anderes Kind beim Rennen und Toben anstößt, passiert das nicht mit Absicht. Es passiert aus Versehen.

   Wenn ein anderes Kind sehr nah an mir vorbeirennt oder mich anstößt, kann ich daran denken, dass es das nicht mit Absicht gemacht hat.

   Ich kann mich daran erinnern, dass das Kind wahrscheinlich gerade etwas sehr Wildes spielt. Ich kann daran denken, dass das Kind mich nicht ärgern wollte. Es ist aus Versehen passiert.

3. Wenn es mich stört, kann ich mich wegdrehen. Oder ich kann woanders hingehen.

   Ich kann den Kindern auch aus dem Weg gehen, wenn sie sehr wild spielen.

   Wenn ich daran denke, dass sie mich nicht mit Absicht ärgern oder anstoßen, kann ich es gut aushalten, dass die Kinder wild spielen.

   Ich kann daran denken, dass ich woanders hingehen kann, wenn es mich sehr stört.

Achten Sie auf Kinder, denen es besonders schwerfällt, sich in unübersichtlichen Spielsituationen zurechtzufinden. Nehmen Sie Blickkontakt mit ihnen auf und signalisieren Sie ihnen, dass sie sich an Sie wenden können, wenn sie Hilfe benötigen.

30 In der Kita auf die Toilette gehen

Wenn man es schwierig findet, die Toilette in der Kita zu benutzen

1. Viele Menschen gehen am liebsten zu Hause auf die Toilette. Man kennt die Toilette und man weiß, dass man dort nicht gestört wird.

   Manchmal ist man nicht zu Hause, wenn man auf die Toilette muss, zum Beispiel, wenn man in der Kita ist.

2. Es gibt viele Kinder, die in der Kita nicht so gern auf die Toilette gehen. Vielleicht sind die Toiletten nicht immer sauber. Man weiß nicht, wer noch auf die Toilette geht, während man dort ist. Manchmal hört sich die Toilettenspülung anders an als die Toilettenspülung zu Hause.

   Es kann sein, dass man nicht möchte, dass andere Kinder merken, dass man auf der Toilette ist.

   Wenn man auf die Toilette muss und nicht geht, kann es passieren, dass man irgendwann in die Hose macht. Es kann auch sein, dass man Bauchschmerzen bekommt.

3. Wenn ich merke, dass ich auf die Toilette muss, kann ich mich daran erinnern, dass viele Kinder in der Kita nicht so gern auf die Toilette gehen.

   Ich kann daran denken, dass es manchmal trotzdem nötig ist, auf die Toilette zu gehen.

   Ich weiß, dass es eigentlich schnell geht und dass es mir danach wieder besser geht.

   Wenn ich nicht allein auf die Toilette gehen möchte, kann ich es der Erzieherin sagen. Sie wird das verstehen und mir helfen. Sie weiß, dass einige Kinder nicht gern in der Kita auf die Toilette gehen.

   Wenn ich mich daran erinnere, kann ich es schaffen, auch in der Kita auf die Toilette zu gehen, wenn ich muss.

Wenn bei Ihnen die Toilettensituation noch eine Besonderheit aufweist, bauen Sie dies in die Soziale Anleitung ein. Ist beispielsweise der Weg zur Toilette weit, sind sehr viele Toiletten zusammen oder gibt es die Möglichkeit, eine Einzeltoilette zu nutzen?

31 Nicht allein auf die Toilette gehen

Wenn man es schwierig findet, in der Kita allein zur Toilette zu gehen

1. Viele Kinder gehen in der Kita nicht gern allein auf die Toilette. Vielleicht stört es einen, dass man nicht weiß, wer noch gerade auf der Toilette ist. Manchmal gibt es Kinder, die auf der Toilette Unsinn machen und denen man nicht so gern begegnen möchte. Oder man weiß nicht, ob es auf der Toilette andere Überraschungen gibt.

2. Wenn man nicht zur Toilette geht, wenn man muss, ist das sehr unangenehm. Vielleicht muss man irgendwann so dringend, dass man es nicht mehr rechtzeitig schafft. Dann kann es sein, dass man neue Sachen anziehen muss. Manchen Kindern ist das sehr unangenehm.

3. Es ist gut, wenn ich merke, dass ich auf die Toilette muss. Dann kann ich in Ruhe überlegen, welches Kind ich fragen will, ob es mitkommt. Oder ich kann die Erzieherin bitten, mitzukommen. Wenn die Erzieherin nicht mitkommen kann, wird ihr vermutlich etwas einfallen, damit ich trotzdem auf die Toilette gehen kann. Darum ist es gut, wenn die Erzieherin weiß, dass ich auf die Toilette muss. Es ist wichtig, dass ich es ihr sage, weil sie es ansonsten nicht wissen kann.

   Wenn ich mich daran erinnere, dass die Erzieherin mir hilft, kann ich nächstes Mal daran denken, ihr rechtzeitig zu sagen, dass ich auf die Toilette muss.

Sorgen Sie dafür, dass es auf der Toilette möglichst ordentlich und sauber ist. Besonders größere, laute Kinder können für Verunsicherung der jüngeren Kinder sorgen. In der Regel ist die Toiletten-Situation eher unbegleitet. Wenn einzelne Kinder grundsätzlich noch nicht allein auf die Toilette gehen möchten, ist es manchmal hilfreich, mit ihnen in einer ruhigen Minute zu überlegen, welche Kinder gute „Begleit-Kinder“ wären, und dies miteinander zu besprechen.

32 Sich (im Winter) allein an- und ausziehen

Wenn in der Garderobe viel gedrängelt wird oder wenn man es schwierig findet, genügend Geduld aufzubringen

1. Im Winter ist es draußen kalt. Drinnen heizt man, damit es warm ist. Wenn man nach draußen gehen will, muss man sich darum mehr Sachen anziehen als im Sommer. Viele Kinder finden es mühsam, sich anzuziehen, bevor sie nach draußen gehen. Es dauert eine Weile, bis man alles angezogen hat und alles gut sitzt. Manchmal findet man auch seine Sachen in der Garderobe nicht sofort und ärgert sich darüber. Manchmal wird man sehr ungeduldig, weil man schon eine Jacke angezogen hat und jetzt warten muss.

2. Beim Warten ist man noch drinnen und schwitzt vielleicht. Dann kann es sein, dass man das sehr unangenehm findet. Viele Kinder wollen schnell angezogen sein, um nach draußen zu gehen. Darum kann es leicht passieren, dass sie sich gegenseitig schubsen und drängeln.

   Wenn wir von draußen wieder nach drinnen gehen, ist es gut, wenn ich meine Sachen ordentlich in der Garderobe ablege. Dann kann ich sie später viel leichter finden. Auch die anderen Kinder können ihre Sachen leichter finden, wenn alle Kinder ihre Sachen ordentlich ablegen.

   Wenn ich mich darüber ärgere, dass das Anziehen lange dauert und anstrengend ist, kann ich daran denken, dass es viele Kinder anstrengend finden. Anziehen muss sein, damit ich draußen Spaß haben kann. Das Anziehen selbst macht aber meistens keinen Spaß.

3. Ich kann daran denken, dass das An- und Ausziehen im Winter länger dauert. Es wird jedes Mal eine kurze Weile anstrengend sein und mir ist wahrscheinlich kurz heiß, bis wir dann draußen sind. Im Sommer wird es wieder schneller und einfacher gehen, sich an- und auszuziehen.

Sorgen Sie dafür, dass in der Garderobe genügend Platz ist. Markieren Sie gegebenenfalls auf der Bank die einzelnen Sitzbereiche der Kinder. Schaffen Sie kleine Kästen an, in denen jedes Kind Mütze, Handschuhe usw. gut wiederfinden kann.

33 In der Kita andere Regeln akzeptieren als zu Hause

Wenn man es schwierig findet, sich an die Regeln in der Kita zu halten

1. Bei jedem Kind gibt es zu Hause Regeln. Es gibt Dinge, die man macht, und andere Dinge, die man nicht macht.

   In der Kita gibt es auch Regeln.

2. Weil in der Kita viele Kinder und viele Erwachsene zusammen sind, gibt es dort manchmal Regeln, die es zu Hause nicht gibt.

   Damit alle Kinder in der Kita gut zusammenspielen können, ist es wichtig, dass alle Kinder sich an die Regeln halten, die in der Kita gelten.

3. Manchmal ist das schwer, weil die Regeln in der Kita anders sind als die Regeln bei uns zu Hause.

   Dann ist es schwer, sich an die Regeln in der Kita zu halten.

   Wenn ich mich nicht an die Regeln halte, kann es sein, dass die Erzieherin ärgerlich wird. Oder dass die anderen Kinder sich ärgern.

   Die Erzieherin weiß, dass es für viele Kinder schwer ist, sich an die Regeln in der Kita zu halten. Sie weiß, dass es bei vielen Kindern zu Hause andere Regeln gibt.

   Weil in der Kita viel mehr Menschen zusammen sind als zu Hause, ist es wichtig, dass ich mich an die Regeln halte, die in der Kita gelten.

   Wenn ich mich daran erinnere, kann ich es nächstes Mal schaffen, mich an die Regeln zu halten, die es in der Kita gibt.

Wenn es um eine ganz bestimmte Regel geht, können Sie dies entsprechend in die Soziale Anleitung einbauen.

Quellen

Gray, C. (2014): **Das neue Social Story Buch.**
Autismusverlag.

Maslow, A. (1943): **A Theorie of Human Motivation.**
In: Psychological Review, 50(4), S. 370–396.

Mischel, W. (2015): **Der Marshmallow-Test: Willensstärke, Belohnungsaufschub und die Entwicklung der Persönlichkeit.**
Siedler Verlag.

Schütz, L. (2023): **Konflikte lösen mit Social Stories. 44 Soziale Anleitungen zur Wahrnehmung und Steuerung von Gefühlen im Schulalltag.**
Verlag an der Ruhr.

Foto: privat

Info über die Autorin

Leni Schütz ist Erzieherin und Diplom-Sozialpädagogin. Sie bietet Fortbildungen für Kita-Fachkräfte und Kurse für Eltern zum Thema Autismus an. Außerdem arbeitet sie im Sachgebiet Psychologische Beratung und Frühe Hilfen des Landkreises Lörrach.

Die Sozialen Anleitungen hat Leni Schütz zunächst nur für einzelne Situationen im Kita-Alltag entwickelt. Im Laufe der Zeit wuchs die Sammlung, sodass dieses Buch entstanden ist. Auch für das Grundschulalter hat sie Soziale Anleitungen geschrieben, die veröffentlicht wurden.

>> Soziale Anleitung:

6 15 16 17 18

>> Soziale Anleitung:

4 5 8 9 10 11

Bildkarte 2

>> Soziale Anleitung:

2 3 4 5 7 8

9 10 11 12 13 14

22 23 24

>> Soziale Anleitung:

19 20

Bildkarte 5

>> Soziale Anleitung:

25 26 27

Bildkarte 6

>> Soziale Anleitung:

24 28 29 32

Bildkarte 7

>> Soziale Anleitung:

1 3 22 23 24 33

Bildkarte 8

© Verlag an der Ruhr I ISBN 978-3-8346-6508-9 I Illustration: Anna-Lena Kühler

70 Ich will das aber haben! Konfliktbewältigung mit Kita-Kindern

>> Soziale Anleitung:

Bildkarte 9

>> Soziale Anleitung:

Bildkarte 10

© Verlag an der Ruhr I ISBN 978-3-8346-6508-9 I Illustration: Anna-Lena Kühler

Ich will das aber haben! Konfliktbewältigung mit Kita-Kindern 71

>> Soziale Anleitung:

Bildkarte 11

>> Soziale Anleitung:

1 3 4 5 7 8 9 10

Bildkarte 12